JN439279

불(火)

불씨

이향아 이미지수필집

수필과비평사

|책머리에|

'이미지 수필(Image Essay)'

전에는 없던 이름을 새로 지어 묶어 내면서 나는 많이 망설였다. 무엇이나 처음 하는 일에는 용기가 필요하다.

나는 가능한 한 결론을 내리려고 하지 않았으며 특별한 메시지를 전하려 하지 않았다. 그런 것은 다양한 독자들의 몫으로 남겨두어야 한다고 생각하였다. 나는 이제 어설픈 독선 같은 것을 범하지 않으려고 한다.

무대를 채울 듯 커다란 포즈를 지으면서, 그 무대를 벗어나지 않으려고 견제하는 춤사위. 그렇게 압축하여 최선의 운을 떼려고 하였다.

어떻다는 것도 아니고 어쩌자는 것도 아닌 풍경. 마치 영화의 한 장면 한 장면처럼 색채와 그림자와 느낌을 남기고 지나가는 목소리, 그런 글을 쓰려고 하였다.

그러나 버릇이 되었는지 무슨 말을 자꾸 덧붙여 아는 체하고 싶어 자제하느라 애를 먹었다. 어떤 것은 중도에 끊어진 것 같고 어떤 것은 서두만 얼비추어 낸 것 같은데 아직도 군소리가 많이 섞여 있다.

그림으로 치자면 초벌 데생이며, 시로 치자면 독립된 서술적 이미지의 시라고 할 수 있을까.

생명이 있는 것들은 그 생명력 때문에 한 지점에 정지해 있을 수가 없다. 문학 장르도 끊임없이 변모를 계속해왔다. 한 자리에 오래 머물러 있으면 도태되거나 퇴화하거나 부패할 수밖에 없을 것이다. 이러한 나의 시도는 답답한 틀에서 벗어나려는 일종의 꿈틀거림이다.

아직은 작고 미진하지만 읽는 사람들의 가슴에, 그리고 내 가슴에 은근한 화기로 번질 계기가 되었으면 좋겠다.

그러기를 기원하는 마음으로 ≪불씨≫라고 제목을 붙인다.

2010. 여름

硯池堂에서 李鄕莪

|| 차례 ||

1부 연말이면 적금 타서

큰 나무가 있는 집 __ 16
산골 찻집 __ 18
그를 깨우지 말아요 __ 20
이쁜 이름 __ 22
불을 꺼야지 __ 24
편지를 개봉할 때 __ 26
사랑하던 이야기 __ 28
축하하네 __ 30
바위가 되리라 __ 32
멋과 쇼 __ 34
들깨를 볶으며 __ 35
조선 종자 __ 36
그리워요 __ 38
기도의 몸짓 __ 40
차바퀴에 깔리는 듯 __ 42
매미와 이사벨 __ 44
꽃과 쓰레기 __ 46
소래포에 갔었다 __ 48

그 여자 __ 50
밥을 먹듯이 __ 52
사랑 고백 __ 54
누가 알까 무섭다 __ 56
내게는 너밖에 없어 __ 58
파티가 끝나고 집으로 오면 __ 60
연말이면 적금 타서 __ 62
우아하게 __ 64
내 애인이었는데 __ 66
갈대밭에 갔었다 __ 68
풀빵과 황금잉어빵 __ 70
특별한 남자 __ 72
수수한 여자 __ 74
어리석은 착각이기를 __ 76
가을 연방죽 __ 78
계절에 화답하다 __ 80
그들은 모두 바빴다 __ 82

2부 바이올린 찻집에서

콩나물밥 _ 86
삼월 초하루 _ 88
화창한 얼굴로 _ 90
속내와 의중 _ 92
바이올린 찻집에서 _ 94
비어 있는 아름다움 _ 96
별도 많이 떠 있었다 _ 98
그녀에게 하듯이 수세미에게 _ 100
충만한 밤 _ 102
I want your heart _ 104
"No!"라는 말 _ 106
그런 사람이 그리운 저녁 _ 108
나는 그분의 제자입니다 _ 110
지금 행복해요 _ 112
나쁜 점만 있는 건 아니니까 _ 114
향기로운 남자 _ 116
잠이 오지 않는 밤 _ 118
진실 전하기 _ 120

눈물과 웃음 __ 122
맹세 __ 124
눈과 얼음 __ 126
안개 속 __ 128
은행 열매 __ 130
새벽에 눈을 뜨고 __ 132

3부 흑싸리 껍데기

용을 쓴다 __ 136
유랑 __ 138
누가 나를 기억하랴 __ 140
장단을 치는 사람 __ 142
절과 중 __ 144
흑싸리 껍데기 __ 146
이다음, 이다음에 __ 148
사랑이죠 __ 150
상을 타는 사람 __ 152
요즘 영화 __ 154
오래된 것에 대한 사랑 __ 156
뿌리와 곁가지 __ 158
사랑의 방법 __ 160
혈압과 눈물 __ 162
좋은 사람과 나쁜 사람 __ 164
수명이 다할 때까지 __ 166
빈 뿌리 __ 168
그래도 __ 170

환상과 현장 _ 172
더듬거리며 _ 174
낮은 곳으로 흐르듯이 _ 176
푹 쉬다 _ 178
그녀의 장미 _ 180
간사하다 _ 182
버리지 못하는 버릇 _ 184
마른 차 한 주먹 _ 186
트럭 타고 서울 온 이야기 _ 188
절박한 사람들 _ 190
시간 죽이기 _ 192

4부 오늘 내일 그리고 모레

3월, 그 이름에 __ 196
지금 출발해도 __ 198
아무 말도 하지 않았다 __ 200
그냥 두지 __ 202
율무 __ 204
연모하는 방법 __ 206
약을 버렸다 __ 208
목숨의 길이와 질량 __ 210
선 긋는 법 __ 212
꽃들이 나를 보라고 __ 214
굿판 __ 216
만나지 않으면 없는 것 __ 218
바래봉 꼭대기 __ 220
나는 달라 __ 222
'참 장하다' 겨우 한마디만 했다 __ 224
없애더라도 __ 226
이별에 대하여 __ 228
푸른 팔을 뻗고서 __ 230

창피한 이야기 __ 232
웃음을 참고 __ 234
지금 따분해요 __ 236
불편한 친절 __ 238
처음 고백 __ 240
외람된 축복 __ 242
이상한 현상 __ 244
완성은 어차피 어렵다 __ 246
밥이 붙은 얼굴 __ 248
말하기 연습 __ 250
벌을 받나 보다 __ 252
오늘 내일 그리고 모레 __ 254
살았던가 __ 256

1부

연말이면 적금 타서

큰 나무가 있는 집

출근하는 길에 멀리 바라보이는 집이 있다.

나는 될 수 있으면 차량 통행이 복잡한 길을 피해 다니는데 그 집은 큰길 뒤 샛길에서 바라보이는 안동네에 있다.

나는 물론 그 집에 가본 적이 없다. 그런데도 막연하게 그 집 주인에 대한 선망과 애정에 가까운 감정을 가지고 있다. 그것은 아마도 그 집 앞에 있는 오래된 느티나무 때문인 것 같다. 나는 막연히 주인의 인격이 훌륭할 것이라고 생각한다. 주인은 집 앞에서 있는 아름드리 늙은 나무처럼 지긋하고 점잖을 것이며, 그 나무처럼 덕성스럽고 온유할 것만 같다.

그 가족들은 지금 몇 대를 이어 살아왔을지도 모른다. 그리고 앞으로도 후손들이 오래오래 그 집에서 살아가려고 마음먹고 있을 것이다.

납작한 집. 저 집에는 분명 오래되었음을 증명해 주기라도 하듯 반질반질 윤이 나는 기둥이 서 있고, 우람하고 튼튼한 서까래가 있을 것이다.

아궁이가 있고 구들이 있으며, 부뚜막이 있을 것이다. 광이 있고 토방이 있고 장광이 있을 것이다. 대청마루가 있고 다듬잇돌이 있으며, 시어머니가 시집올 때 가지고 온 '싱거 미싱'이 있을 것이다.

장광 옆에는 채송화 과꽃 봉숭아 같은 순 우리 종자의 꽃들이 계절에 맞춰 피었다가 질 것이다. 그리고 부엌 뒤쪽으로 우물이 있을지도 모른다. 나는 내 마음대로 상상하면서 그 집 앞을 지나곤 한다.

아침 출근 시간에는 시간이 급해서 어쩔 수 없지만 퇴근할 때면 그 집에서 가까운 샛길로 돌아서 온다. 나는 만발한 능소화 빛깔의 노을을 이고 있는 큰 나무 집 근처에서 무작정 내리고 싶다.

산골 찻집

오늘 문학 수업은 무등산 장불재에서 하자고 했었다. 그러나 비가 와서 산 아래에 있는 음식점, 'S산장'의 대청마루에서 하였다.

'가을', '낙엽', '이별'을 소재로 한 작품 감상을 하기로 했지만, 숙제를 해온 사람은 두어 사람뿐이었다.

"오늘 같은 날에는 좀 놀아요."

학생들은 담화나 즐기자고 하였다.

우리는 '오늘 같은 날씨'를 핑계 삼아 놀았다. 그리고 담화나 즐겼다. 뽀얀 가랑비가 내리는 산숲은 안개가 자욱한 동양화 같았다.

낙엽의 빛깔도 유난히 투명하여서 탄성이 비명처럼 터져 나왔다.

자릿값을 해야 하기 때문에 거기서 점심을 해결했다. 그리고 산행을 못한 대신 산골 찻집에 가서 녹차를 마시자는 A의 제의를 만장일치로 받아들였다.

‘이서로 가는 길’이란 푯말이 붙은 그 찻집에는 아무도 없었다. 낮에는 늘 비어 두었다가 저녁에나 문을 연다고 하였다.

그 집 사정을 잘 아는 A의 덕으로 우리는 마음 편하게 앉아서 차를 음미하였다.

벽난로에 불을 피웠지만 통장작이 잘 마르지 않았는지 불이 붙지 않고 연기만 자욱하였다. 그러나 우리는 오랜만에 만나는 식물성 연기의 향내를 행복하게 즐겼다.

촛불을 밝히고 전등도 켰지만 방이 어두컴컴하였다.

비가 오는 창 밖에 아무렇게나 너부러져 있는 야생화의 포기들이 마음껏 너울거리고 있었다. 비는 저녁이 될 때까지 더 오지도 않고 덜 오지도 않고 꼭 그만큼씩만 내렸다.

그를 깨우지 말아요

네거리 신호등이 빨간 불을 켜고 있었다. 나는 일차선으로 차를 옮기면서 좌회전 신호를 켰다. 내 차 앞에 몇 대의 차가 서 있었다.

한참 후에 신호가 바뀌었다. 직진과 좌회전을 함께해도 좋다는 초록색 동시신호였다.

그런데도 앞차들이 움직이지 않았다. 바로 앞에는 승합차, 그 앞에는 승용차, 맨 앞의 것은 잘 보이지 않지만 차체가 높은 것으로 보아 트럭인 것 같았다. 몇 초를 기다리다가 답답한지 바로 앞의 승합차가 경적을 울렸다.

외국에서 살다온 사람들은 우리와 미국인의 다른 점 — 그냥 다른 점이 아니라. 우리가 고쳐야 할 점 — 으로 조급하게 '경적을 울려대는 일'을 지적한다. 서양 사람들은 조용히 기다릴 뿐 어지간한 일로는 절대 경적을 울리지 않는다면서.

앞의 차들이 움직이지 않으니 자동으로 뒷차들은 서 있을 수밖에 없었다. 30초가 지나고 40초, 45초……. 고개를 빼서 내다보니 맨 앞의 차는 타이탄트럭이었다.

내 앞 승합차가 다시 경적을 울렸고 나도 신경질을 내면서 길게 두 번을 연속해서 눌렀다.

그래도 아무 반응이 없자, 내 바로 앞차는 중앙선을 침범하면서 맨 앞차를 앞질렀고 그 앞의 승용차 역시 그렇게 했다. 나도 투덜대면서 그 뒤를 따라 좌회전을 했다. 좌회전을 하면서 도대체 왜 비켜주지 않고 정지해 있는지 이상해서 그 타이탄트럭 안쪽을 들여다보았다. 무슨 일로 그러는지 알아보기나 하려고, 그리고 욕이라도 한마디 할 기세로.

그런데 나는 너무나도 기가 막혀서 입이 다물어지지 않았다. 운전하는 사람이 열어놓은 트럭의 창틀에 머리를 기대고 잠들어 있었던 것이다.

정말 어이가 없었다. 얼마나 일에 시달렸으면, 얼마나 고달프면 저럴까. 세상에는 저토록 자고 싶어도 맘 놓고 잘 수 없는 사람이 있구나.

지나가는 사람들이 손가락질을 하면서 웃었다.

아무도 그를 깨우지 말고 좀더 오래 잠들어 있게 해주었으면……. 코끝이 찡했다.

이쁜 이름

엊그제 백일장 심사를 하러 갔었다. 나는 중학교 학생들의 작품을 맡았는데 글 내용보다는 응모자들의 이름에 자꾸 관심이 쏠렸다. 마치 글짓기 심사가 아닌 예쁜 이름 심사라도 하는 것처럼.

특히 여자아이들 중에는 '하늘'이란 이름이 많았다.

'하늘'이란 이름을 접하면 '무엄하다'는 생각이 든다.

'하늘이 무섭지 않느냐?'

'하늘도 무심하지.'

'내 마음은 하늘이 알 것이야.'

'하늘에 계신 하느님'

옛날부터 하늘을 공경해 온 우리들의 사상이 담긴 말들. 그 말들이 떠오르기 때문이겠지.

'이슬'이라는 이름도 많고 '잔디'라는 이름도 많았다. 이슬은 속

절없고 잔디는 짓밟히기 쉬운데 왜 이런 이름을 짓지? 반짝, 초롱이, 별이, 잎새, 조약돌이라는 이름도 있었다. 살랑이, 아롱이, 고운애, 산나리처럼 세 음절의 이름도 있었다.

가지고 놀고 싶은, 씻어서 장식장에 진열해 놓고 싶은, 사치품 같고 장난감 같은 이름들. 그 이름을 가지고 더 이상 나이 들어서는 안 될 것 같은, 영원히 소녀로 멈춰 있어야 할 것 같은.

남녀동등을 세차게 주장하면서 여자아이의 이름을 이렇게 귀엽고 사랑스럽고 이쁘고 아기자기하게만 지으면 어떡하나. 남녀동등을 생각하는 사람이라면 여자 이름인지 남자 이름인지 구별할 수 없게, 말하자면 동등하게 지어야 하지 않을까.

불을 꺼야지

앞 동은 거의 불이 꺼졌다. 불이 켜 있는 집도 그 광도가 희미하다.

자정이 넘었으니까 환하게 불을 밝힐 필요는 없을 것이다.

내일 속리산에서 있을 세미나 준비를 한답시고 컴퓨터를 켜놓고 나는 엉뚱한 짓만 하고 있다.

공부하기 싫은 사람 필통만 정리하듯이, 숙제한다고 연필이나 깎고 책가방만 엎어놓고 딴짓을 하듯이. 나는 지금 목적을 잃어버렸다.

앞 동에서 보면 우리 집 불빛이 밝을 것이다. 밝은 불빛을 보면서 자정까지 깨어 있는 사람의 고뇌와 고독을 생각할까? 그저 단순하게 한여름 밤의 열기를 느낄까?

'우리는 왜 문학을 갈망하는가?'

이것이 내일 세미나의 주제다.

나는 문학을 원하지 않아요. 당신 무슨 소릴 하는 거요? 문학을 갈망하는 사람은 없소. 혹 이렇게 말하는 사람은 없을는지. 그러나 거기는 명색이 문학을 선택한 사람들이 모이는 곳이니까. 우선 모두들 문학을 향하여 목을 늘이고 있다고 전제해야겠지. 그렇게 하지 않고는 말이 되지 않겠지. 그래 모두들 한마음으로 문학을 사랑한다고 치자.

정말이지 '우리는 왜 문학을 원하는가?' 아니 '나는 왜 문학을 갈망하는가?' 무엇 때문에 문학 판에 들어와서 들어오지 않았으면 아무 탈이 없을 일을 이렇게 허구한 날 마음 편할 날이 없는가? 여기에 대한 내 속의 답이 세미나의 내용이 될 것이다.

이제는 불을 꺼야지.

컴퓨터의 전원도 끄고 부풀어 오르는 내 갈망도 잠재워야지.

편지를 개봉할 때

우편물을 받으면 책은 일단 한쪽으로 치운다. 개봉을 미루는 것이다. 책은 휴일에 차분하게 시간을 잡아서 읽어야 하니까.

나는 대수롭지 않은 우편물부터 먼저 읽어 치운다. 그 대수롭지 않은 시시한 우편물 속에는 각종 고지서들이 들어 있다. 무슨 고지서든 고지서는 반갑지 않지만 특히 교통법규를 위반했다는 통지서는 기분을 아주 잡치게 한다.

그 다음에는 모르는 사람에게서 온 편지를 훑어본다. 이런 편지에는 뜻하지 않은 요청도 있고 고백도 있다.

다음으로 개봉하는 것이 문학단체나 잡지사에서 온 편지다. 미납된 회비를 납부하라는 내용, 작품을 청탁하는 내용이 들어 있는 게 보통이다.

나는 맨 나중에야 기다리던 편지, 내가 좋아하는 사람들로부터 온 편지를 읽는다. 이 편지는 개봉하는 방법부터 다르다. 다른 편지는 두 손가락으로 입구를 찢어서 내용물을 아무렇게나 꺼내기도 하고, 배를 북 갈라서 봉투야 찢어지든 말든 상관하지 않지만, 이 편지는 가위로 입구를 얌전히 자른다. 머리카락처럼 아주 가늘게 흠이 나지 않게.

나는 편지를 자르기 전에 커피 포트에 물을 끓이고 맘에 드는 커피 잔을 꺼내기도 한다.

그리고 뜨거운 커피와 편지를 들고 한적한 곳으로 간다. 한적한 곳이란 흔들의자가 있는 베란다, 우리 집에서는 그 중 넓은 창이 있고 내다볼 만한 풍경이 있는 곳이다.

그러나 요즘은 갈수록 커핏잔을 들고 한적한 곳으로 갈 일이 드물어진다. 세상이 변했다. 아니, 내가 변했을 것이다.

사랑하던 이야기

우리는 잔디밭에 앉아서 저녁을 먹었다. 모두 일곱 명이었다.

멀지 않은 곳에 요천을 가로질러서, 오작교를 시늉한 돌다리가 걸쳐 있었다. 거기 양각된 성춘향과 이도령의 모습이 희화처럼 부풀어 올랐다가 가라앉았다가 하는 것이 보였다. 오리 모양의 작은 보트가 장난감처럼 물 위에 떠 있고,

"저런 것은 직접 타는 것보다 구경하는 것이 더 멋있어."

라고 우리는 의견을 합치하였다.

바람이 제법 불어서 써늘하였다.

학생들은 우리에게 연애하던 시절을 말해 달라고 졸랐다. 그리고 우리는 학생들 성화에 못 견디겠다는 듯이 묻는 대로 차근차근 늘어놓았다. 그러나 연애담을 무슨 무용담이나 모험담을 풀어놓듯이 말할 일은 아니다.

사랑하던 이야기라면 좀더 분위기를 잡았어야 하지 않을까? 그러나 성공한 연애담이고 연애의 두 당사자가 한자리에 같이 있어서 도저히 분위기를 잡을 수가 없었다.

"그렇지 않아요. 4월 초가 아니라, 중순쯤 되었을 텐데요……."

서로 제가 더 정확하다고 간섭하고 수정하면서 말을 이었고 학생들은 아무러면 어떠냐고 재미있는 듯이 경청하였다. 사랑하던 이야기를 들려주는 게 아니라 조서라도 작성하는 것처럼 계절과 시간과 상황을 리얼하게 제시하다니.

"그때는 그랬었지. 우리는 꿈에도 그것이 마지막이라고 생각하지 않았어. 아마 이 같은 여름 밤이었을 거야. 그날 밤도 오늘처럼 별이 총총했었지." 하는 식으로 조금은 과장이 있어도 좋고 보다 아름답게 꾸며도 죄될 것이 없는 그런 템포로 해야 하는데……. 사랑하던 이야기는 늘어놓을 수 있는 스토리가 아니고 리듬을 따라 읊어야 하는 노래여야 하는데.

이야기를 다 끝내고 돌아올 때 나는 혼도 빠지고 뼈도 녹아서 껍데기만 흔들거리는 것 같았다.

축하하네

남원에서 서울행 고속버스를 탔다. 아직 이른 시간이어서 차 안은 한산했다. 이렇게 승객이 없으면 고속버스 운영도 어렵겠구나 걱정스러울 지경이었다.

그런데 떠날 시간이 되자 한꺼번에 많은 사람들이 올라탔다. 시간을 칼같이 지키는 사람들이구나 싶었다. 승객의 수가 많아지니까 마음이 놓였다. 큰 버스에 서너 명만 타고 가게 될 줄 알았더니 다행이었다.

남원만 해도 좁은 지역이라 승객들은 대부분 아는 사이인지 서로들 인사를 나누느라 바빴다.

"자네 오랜만이네. 그동안 통 소식을 모르고 지냈네."

"어이! 난 누구라고. 자네는 뭣 할라고 서울 가는가?"

"응. 병원에 가네."

"병원이라니? 서울까지……. 어디 아픈가?"

"응."

"어디가 나쁜디?"

"암이라네."

그 사람은 암이라는 말을 너무나 쉽고 명랑하게 말해서 처음엔 내 귀를 의심했다. 그 말을 들은 상대방도 일부러 그러는지 별로 놀라는 기색을 보이지 않았다.

몇 년 전 암 진단을 받고 지금 치료를 받고 있는 중인데, 경과가 좋은 모양이었다. 그래도 가끔 가서 별 이상은 없는가, 더 이상 진행되지 않고 제대로 아물고 있는가, 그런 것만 체크한다고 하였다.

그는 마치 모험담을 들려주듯이 말했다. 치료가 잘 되고 있기 때문에 희망에 부풀어 있는 것 같았다.

"나는 서울로 전근이 되어서 가네. 과장으로."

"축하하네. 잘됐구먼."

"잘되기는 뭘. 이 나이에 객지생활 할 일이 큰 걱정이지. 그렇다고 가족 모두가 이사를 할 형편도 아니고……. 늙어서 무슨 고생인지 모르겠네."

하나는 암과 투병 중이고 하나는 서울로 영전하여 올라가는 사람인데 그 두 사람의 음성으로는 누가 암환자인지, 누가 영전을 했는지 구별하기 어려웠다.

바위가 되리라

시인협회 세미나가 마산에서 열렸는데 오랜만에 갔더니 낯선 얼굴들이 많았다. 서울을 떠나 지방에 있는 20여 년 동안 어떤 문학 모임에도 참여하기가 어려웠다. 주말에나 서울에 오는데 한참 공부해야 할 아이들만 두고 다시 집을 비울 수는 없었던 것이다. 나는 서서히 문단에서 낯선 얼굴이 되어 갔다. 등단한 지 얼마 되지 않은 후배들이 나를 힐끗거리면서 '저이가 누구냐'고들 했다. 기분이 묘했다.

이튿날 세미나의 스케줄과는 달리 B 선생님 내외분과 함께 통영으로 해서 거제도를 다녀왔다. 유치환 선생님 묘소를 방문하기 위함이었다.

거제도는 거제도대로 통영은 또 통영대로 유치환 선생이 자기네 고장 태생이라고 서로 주장하면서 생가를 복원하고 문학관을 세우면서 법정 투쟁까지 벌이고 있다 한다.

비록 지방자치제의 수익과 타산에 얽힌 싸움이라고는 하지만 결국은 유치환 시인의 가치를 놓고 결투하는 것이 아니겠는가?

'내 죽으면 한 개 바위가 되리라/아예 애린에 물들지 않고/희로에 움직이지 않고/비와 바람에 깎이는 대로/억년 비정의 함묵에/안으로 안으로만 채찍질하여/드디어 생명도 망각하고/흐르는 구름/머언 원뢰/꿈꾸어도 노래하지 않고/두 쪽으로 깨뜨려져도/소리하지 않는 바위가 되리라.

그는 자신의 다정다감에 스스로 시달려 바위를 꿈꾸었을까, 이제는 함묵에 잠겨 있는 청마 선생님. 누구나 결국은 함묵하게 된다. 꾹 다문 입으로 먼 해구를 바라보는 그의 모습을 찬찬히 바라보았다.

그분이 살아 계시는 동안 나는 한 번도 그분을 만난 적이 없다. 당장 지금 누가 나를 알아보느냐 그렇지 않느냐가 무엇이 중요한가. 오히려 모습을 감추고 깊이 잠겨서 진실한 역할을 해야 할 때가 아닌가.

멋과 쇼

오늘 친구 아들 결혼식에 갔다.

신랑이 입장할 때 그의 친구들이 함성을 지르면서 박수를 쳤다.

신랑은 오른쪽 손의 장지와 검지를 펴서 V자를 흔들어 답하였다.

신랑 친구들이 축가를 불렀는데 사회자는 '노래의 가사에 사랑이라는 말이 나올 때마다 신랑은 신부의 볼에 가볍게 입을 맞추라.'고 주문하였다.

신랑은 노래의 가사에 귀를 모았다. 마치 사랑이라는 말이 나왔는데도 입을 맞추지 못하면 큰일이라도 나는 듯 열심히 경청하는 것이었다. 그리고 사랑이라는 말이 나왔다 하면 얼씨구나 하고 신부의 볼에 입을 맞추었다. 젊은이들이어서 귀여웠다.

그러나 이런 생각도 들었다. 세상이 너무 급하게 변하는구나. 은근한 멋이 진짜 멋인데 은근함이 자취를 감추고 있구나. 요즘 세상에서는 쇼가 한몫을 하고 있구나.

들깨를 볶으며

아침에 들깨를 볶았다.

변비에 좋으니 하루 한두 숟가락씩 먹는 것이 어떻겠느냐는 가족의 요청 때문이었다. 요즘은 수돗물도 마음 놓고 마실 수 없으니 생수를 마셔야 한다고 한다. 그러나 생수조차 가짜가 판을 친다고 하니 보리차나 녹차를 우려 마셔야 할는지.

고기는 콜레스테롤이 많으니 될 수 있는 한 먹지 말자고 하고, 과식은 몸에 좋을 것 없으니 식사의 양도 줄이자고 한다.

양파가 동물성 지방을 용해시킨다고 사람마다 권하고, 방송에서 마늘이 몸에 좋다고 떠들어 대니까 나도 모르게 손이 자주 간다.

나는 왜 이렇게 몸을 위해 애쓰나?

한 백 년 탈 없이 살 줄 아는가? 한 백 년 몸만 성하면 끝인가?

나는 내 정신 내 영혼의 건강을 위해 무엇을 하고 있나?

오늘 아침 들깨를 볶으면서 나는 내가 한심스러웠다.

조선 종자

뉴질랜드 산 키위를 먹어봤더니 우리 것보다 싱겁고 맛이 덜했다.

우리나라에서도 키위를 많이 재배하는 모양이다. 서양에서 온 다래 같은 과일이라 하여 양다래라는 말까지 새로 생겼다.

이상하다. 키위는 우리나라 과일이 아닌데도 우리의 풍광이 원산지보다도 더 좋은 맛을 내다니.

토종고추, 토종호박, 토종오이, 토종배추, 토종파, 토종마늘 소위 조선 종자라는 것들은 모두 작고 탄탄하고 야무지고 맛이 좋다. 외국산이라면 기를 쓰고 덤비는 문화적 사대주의자들도 쇠고기는 한우, 굴비는 영광 굴비, 고추는 청양 고추, 신토불이를 고집한다.

서양 종자나 중국 종자가 토종보다 크고 보암직해도 맨송맨송 싱겁다고 한사코 사양하면서.

사람도 크면, '키만 멀대처럼 크고 속이 없다.'고 탐탁지 않게 여겼었다. 그런 생각이 지금까지 지켜진다면 내 작은 키도 한몫을 할 텐데 섭섭하게도 그것만은 예외다.

토종은 왜 작아도 맵고 간간하고 톡 쏘는 맛을 내는가? 우리의 기후와 풍토에 관련이 있을 것이다. 각종 스포츠로 세계를 제패하고 국제 기능올림픽에서 한국 선수들이 개가를 울릴 때마다 토종의 우수성에 대해서 생각하게 된다.

그리워요

걸레를 들고 마루의 얼룩진 때를 벗기고 있을 때였다.

"그리워서 전화를 했어요."

S의 음성이 전화선을 타고 왔다.

나는 "고마워요."라고 대답했다. 그립다는 말에 고맙다는 대답이 과연 적절한가? 스스로 의심하면서.

그러나 그의 말끝에 "나도 그리워요."라고 대답하는 것도 정답은 아닐 것이다. 별로 절실하지 않으면서 공연히 남이 하는 대로 따라서 하는 것처럼 들릴 것이고, 무엇보다도 자발적인 말이 아니기 때문이다.

나는 수화기를 놓은 다음에도 계속 열심히 마루를 닦았다. 가슴이 꽉 차는 느낌으로 더 힘을 모아서. 자꾸만 코끝이 싸아 했다.

초가을 아침 열 시, 바람은 산들산들 열어놓은 베란다 문으로 불어오고 햇살도 유난히 맑게 비치었다.

문득, '그리워요'라는 말을 해주는 이웃이 있다는 것, 그 사실이 특별한 은총처럼 나를 적셨다. 그의 말이 설령 일시적이거나 충동적인 것일지라도 좋다. 내가 그리움의 대상이 되었다니 얼마나 가슴 벅찬 일인가? 고마웠다.

그러나 왜 이렇게 아슬아슬한가. 잘못하면 그리움의 대상에서 밀려날 수도 있을 것이다. 그리고 그 그리움이 영원할 수도 없을 것이다. 그건 그가 나빠서도 아니고 내가 특별히 잘못해서도 아닐 것이다.

누구에겐가 '그리워요'라고 말할 수 있는 처지가, 그리움의 대상이 되는 것보다 더 행복하고 편안할 것 같다. 나도 누구에겐가 '그리워요'라고 말하고 싶다. 깊고 맑은 목소리로.

기도의 몸짓

오래전에 친구 Y가 원피스를 해 입으면 좋을 것이라면서 여름 옷감을 주었다.

차일피일하다가 때를 놓치곤 하면서 몇 년을 그냥 묵혔다.

그러다가 작년 여름에는 '꼭 해 입으리라' 작심을 하고, 깊이 넣어두었던 걸 꺼내어 펼쳐보았다. 색깔도 섬유결도 부드럽고 우아하였다.

'진즉 해 입을걸…….'

양장점에 맡기기 위해서 막 집을 나서려는데 전화 벨이 울렸다.

바로 Y 그 친구였다.

평소에도 조용한 그의 음성이 더 침울하게 가라앉아 있었다.

"왜 그래요? 무슨 일 있어요?"

나는 다급하게 물었다.

"애 아빠가 병이래요. 간이 아주 나쁘다고 합니다."

그는 혼자 멍하니 앉았다가 답답해서 전화를 걸었다고 했다.

나는 옷감을 다시 장롱 속에 넣었다. 옷을 만들려면 가위로 마르고 자르고 해야 하는데 그렇게 하면 그의 남편 병이 더 위독해질지도 모른다는 생각이 들었던 것이다.

일 년여를 투병하다가 엊그제 그의 남편이 세상을 떠났다.

옷감을 마르지도 자르지도 않았건만 그는 죽었다. 그러나 내가 그렇게라도 한 것은 잘한 일인 것 같다.

그것은 쾌유를 비는 내 작은 기도의 몸짓이었으니까.

차바퀴에 깔리는 듯

퇴근 길에 차가 신호등 앞에서 멈추었다.

내 앞을 가로질러 횡단보도를 건너가던 여자가 가슴에 부둥켜안았던 물건을 와르르 길에 쏟았다. 안타까웠다.

그녀가 안고 있던 것은 책과 파일과 지갑 등이었다. 그녀는 재빨리 엎드려 흩어진 물건을 주워 올렸다.

그리고 신호가 바뀌려면 아직 시간이 남았는데도 대강대강 간추려서는 얼른 반대편 인도로 올라가 버렸다.

길에는 아직 몇 장의 사진 같기도 하고 엽서 같기도 한 것이 바람에 여기저기 흩날리고 있는데도.

설령 신호가 바뀌어 그녀가 나의 진로를 한참 동안 방해한다 해도 나는 자동차를 전진시키지 않았을 것이다. 나는 물론 그녀가 일을 다 처리할 때까지 기다렸을 것이다. 그러나 그녀는 쏜살같이 뛰어가 버렸다. 뛰어가는 그녀의 옆얼굴은 홍당무처럼 빠알갛게 물들어 있었다.

나는 미처 다 주워 담지 못한 그 사진인가 엽서 같은 것을 짓밟는 시늉을 하면서 그 물건 위에 차바퀴를 남기고 지나왔다.

내 등골이 차바퀴에 깔리는 것처럼 움찔움찔하였다.

매미와 이사벨

수년 전 미국을 강타한 태풍의 이름은 이사벨이고, 우리나라 남해안을 때리고 간 허리케인은 매미였다.

미국 태풍을 말할 때는 꼭 허리케인이라고 하고, 우리나라 허리케인을 지칭할 때는 꼭 태풍이라고 한다.

우리나라에도 처참한 피해가 났지만 미국도 보통은 넘은 것 같았다. 거의 비슷한 시기에 지나간 것들이어서 미국과 우리나라를 비교하는 많은 데이터들이 나왔다.

우리나라는 대피 명령을 내리지 않았고, 미국은 미리 대피 명령을 내렸다고 했다.

우리나라는 시속 30~60미터이고 미국은 110미터가량 되었다고 했다. 강도로 보면 우리가 미국보다 두세 배나 약한데도 우리나라는 130명의 사상자를 내었고 미국은 30여 명의 사상자가 났다고 했다.

나는 자꾸 매미와 이사벨을 비교한다.

이상한 열등의식을 가지고 그렇게 한다.

기분 나쁘게 왜 미국 태풍의 이사벨이라는 이름이 멋지게 들리는 건지 모르겠다. 우리는 기껏 매미밖에 되지 않는데 말이다.

이건 고치기 어려운 병이 아닐 것이다. 아무리 멋져봤자 결국은 태풍이 아니겠는가. 내 생각의 잘못이다.

꽃과 쓰레기

기념식장이나 축하 행사장에 가면 가슴에 꽃을 달아주는 때가 있다.

날씨가 더운 계절이면 옷은 얇은데 꽃이 무거워 이상한 포즈로 꽃이 매달리기도 하고, 아예 거꾸로 뒤집어지기도 한다.

"나 꽃 달지 않을까 봐요. 내가 꽃인 걸요."

능청을 떨어서 꽃을 떼어낸다.

그러나 꽃이니까 행사가 끝날 때까지 손에 쥐고 있거나 손가방 끈에 묶어두거나 해서 나는 꽃을 꽃으로 대접하려고 한다.

그리고 집에까지 데려온 것은 유리잔에 담가서 싱크대 옆에 얹어놓고 오래오래 본다.

그러나 행사가 끝날 무렵이면 테이블 여기저기엔 꽃들이 나뒹구는 게 보통이다. 행사를 위해 팔려온 꽃들이 행사에 제대로 참여하지도 못하고 어정쩡하게 외면당하는 것이다.

이상하다. 뒹굴어 다닐 때부터 그 꽃은 이미 꽃이 아니다.

그것은 꽃이 아닌 쓰레기가 되어 버린 것이다.

쓰레기 중에서도 이상한 쓰레기, 처치 곤란한 쓰레기, 마음을 불편하게 하는 쓰레기.

소중히 다루어지는 꽃들, 그들과는 하늘과 땅 차이가 나는 것이다.

어디서부터 무엇이 그들의 운명을 저렇게 바꾸어놓은 것일까? 그러나 결국은 모두 쓰레기가 될 것이다.

소래포에 갔었다

그 시인이 노래한 소래포에 나도 갔었다. 주말 오후 소래포는 축제 인파로 바글거렸다.

언뜻 눈길이 닿은 길가의 자귀나무는 꽃을 거의 다 떨구고 있었다.

그렇다. 돌아다보니 벌써 여름의 끝자락이었다.

소래포는 꿈도 아니고, 무지개도 아닌 삶의 현장이었다.

어시장이 있고, 젓갈 익는 냄새와 비린내가 있었다. 왕새우와 게와 소라와 갈치, 매운탕집과 횟집과 우리처럼 구경 온 사람들이 빙 둘러 앉아 꼴뚜기회를 먹는 노천의 건강한 식욕이 있었다.

축제를 알리는 만국기가 있고, 길을 꽉 메운 정체된 시간이 있었다. 서해의 석양은 턱에 걸리고 어선들은 만선의 깃발을 꽂고 들어오는 중이었다.

그 시인이 말한 옛날의 소금밭은 어디쯤일까.

불그레한 백열등 아래 펄럭거리는 가설 무대 같은 포장집들. 을씨년스러운 바람은 임시로 가려놓은 천막 모퉁이를 돌아서 일몰 속에 잠기고 다시 내일이면 오늘의 우리들까지도 아련한 그리움에 묻히겠지.

왁자지껄 흥정꾼들 떠드는 소리가 귓바퀴에 음악처럼 감돌았다.

서울에서 두 시간, 돌아올 때는 세 시간, 차는 막히고 마음은 급하고 우리는 서로 미안하였다.

그러나 우리는 서로 고마웠다.

'살아 있는 오늘.'

이천 몇 년의 초가을, 모처럼 긴장의 끈에서 풀려나온 자유 방종한 여행이었다.

그 여자

고속버스 표를 받으면서 번호를 살폈다. 3번이었다.

우등고속 3번, 6번, 9번으로 이어지는 3배수 몇 자리를 매표원들은 'Single'이라고 부른다. 혼자서 앉을 수 있는 번호라는 뜻일 게다.

나는 평소에 'Single'을 자주 주문한다. 그날도 3번 자리에 앉아 툭 터진 시야를 둘러보면서 마음이 아주 편했다.

내 자리와 통로 하나를 사이에 둔 2번 좌석에는 늙지도 않고 과히 젊지도 않은 수수한 여자가 앉아 있었다.

그녀가 신고 있는 신발이 특별히 눈을 끌었다. 진한 감색 바탕에 능소화 빛깔의 꽃그림이 그려져 있는, 굽 높이가 3센티미터쯤 될까, 높지 않은 헝겊신이었다. 편해 보였다.

그녀는 베이지색 윗도리에 검은 바지를 입었는데 과히 솟지도 않고 가라앉지도 않은 옷차림이었다. 그녀는 생머리를 뒤로 단정하게 묶고 리본을 달았다. 중간 휴게소에서 화장실에 다녀온 그녀는 샘플용 작은 로션 병을 꺼내더니 손에 고루 발랐다. 봉숭아 물을 들인 열 손가락이 아주 섬세해 보였다.

로션 병을 다시 집어넣을 때 슬쩍 보았는데 핸드백 안이 가지런히 정리되어 있는 것 같았다.

서울이 가까워지자 옆자리의 남자가 결혼식 청첩장 같은 것을 꺼내 보이면서 그녀에게 자꾸 물었다. 행색이 초라한 그 남자는 서울 지리에 어두운 모양이었다. 그녀는 열심히 설명하였다. 말소리가 잘 들리지 않을 만큼 조용한 음성이었다.

무슨 일을 하는 여자일까? 깔끔하고 단정한 모습이 눈에 익은데 어디서 보았을까? 버스에서 내릴 즈음에야 생각이 났다. 그녀가 중학교 때 영어 선생님, 나중에 원불교 정녀가 되신 C 선생님과 많이 닮았다는 것을. 나는 그날 몇 가지를 배웠다.

조용히 친절하게 말할 것.

핸드백 안을 깨끗하게 정리할 것,

될 수 있는 한 봉숭아 물을 들일 것, 그 여자가 나를 그렇게 가르쳤다.

밥을 먹듯이

중앙 도서관에서 강연을 부탁해 왔다.

독서주간을 맞아 도서 전시회를 하는데 구색을 맞추려면 특강도 있어야 한다면서 몇 마디 해달라는 것이었다.

강당에 걸린 플래카드가 아주 크고 훌륭하게, 그리고 예쁜 서체로 걸려 있었다.

'이향아 교수 특강 〈우리는 왜 책을 읽어야 하는가〉'

중앙 도서관에서는 아마 저걸 사진 찍어서 상부 관청으로 보낼 것이다. 내용이야 어떻든 실적이 있어야 하고 실적 보고에는 증거물이 필요하니까.

정말, 우리는 왜 책을 읽어야 하는가?

원고를 준비하라기에 하긴 했지만 들여다보고 말할 여지가 없었다. 너무도 뻔한 것이니까.

독서의 계절이라는 말은 처음부터 틀렸다고, 독서는 가을에만 하는 연중행사가 아니라고. 독서가 취미라고 말하는 사람들이 있는데 취미로 하는 것이 아니라 숨을 쉬듯이 해야 한다고. 밥을 먹듯이 물을 마시듯이 해야 한다고 말했다.

육체의 허기를 안다면 정신의 허기도 알아야 한다고, 내 영혼을 정직하게 응시하기 위해서, 잃어버린 고독을 회복하기 위해서, 현실에서는 이룰 수 없는 아름답고 이상적인 만남을 위해서, 고갈되어 가는 상상력을 키우기 위해서, 내 존재가 보다 당당하고 도도해지기 위해서, 내 속에 우렁찬 힘을 축적하기 위해서, 우리는 책을 읽어야 한다고 하였다.

30분만 해달라고 했는데 하다 보니 50분 이상이 훌렁 지나갔다.

강연료는 없다고 하더니 강연료를 주었다. 아주 적다고 미안해하면서.

많든 적든 그것이 무슨 문젠가. 전혀 생각지도 않았는데 받으려니 미안한 생각이 자꾸 들었다.

사랑 고백

사랑의 전 과정 중에서 가장 순결하고 아름다운 때는 고백하기 전이다. 사랑을 고백하기 전처럼 팽팽한 긴장으로 탄력이 피어나고, 감정이 절정을 향하여 사무칠 때는 없을 것이다.

'그 사람 마음은 어떨까. 어찌 보면 나와 비슷한 것 같기도 하고 어찌 보면 전혀 무심한 것도 같다. 언제까지 이 떨림을 눌러야 할까. 과연 내 사랑은 가능성이 있는가?'

사랑하고 있을 때면 거리의 도처에서 그를 자꾸 발견한다. 그의 와이셔츠의 빛깔을 닮은 색깔들, 그의 키와 걸음걸이를 닮은 사람들이 여기도 한 사람 저기도 한 사람. 아까도 한 사람, 지금도 한 사람. 그리하여 세상이 그 사람으로 가득 차게 된다.

그러다가 서로의 마음을 확인한 다음, 천지는 일순 나를 위해 열린 것처럼 광채가 난다.

그러나 그것은 잠시다.

일단 확인한 후에는 꿈이 아닌 현실의 문제가 뒤따른다.

서로의 감정을 고백하기 전, 차오르는 기다림으로 절실한 시간. 그보다 더 아름다운 때는 없다.

내게 사랑을 고백하고 싶은 그 누가 있다면 미루어다오. 나도 그렇게 하리.

무덤에 묻힐 때까지 고백하지 않는 사랑도 있다.

희열과 함께 고통 속에 묻힌, 아마도 세상에서 가장 순결하고도 슬픈 사랑일 것이다.

누가 알까 무섭다

그녀는 꼭 참석해 달라는 부탁을 여러 번 했다. 내가 불참하면 그 모임이 되지 않을 것처럼 그녀는 내 다짐을 받아내었다. 나는 다른 약속을 취소하고 행사가 열린다는 호텔로 달려갔다. 다도 연구소의 오프닝 세레모니였다.

그녀의 어조로 보아 혹시 내게 축사라도 부탁할는지 모른다는 생각이 들어 나는 미리 대비하여 두었다. 축하할 항목을 적어 보니 일곱 가지나 되었다. 나는 오랜 세월 교단에 섰지만 아무 메모도 없이 단에 서지 못한다. 좋은 버릇인지 미숙한 버릇인지 모르겠으나, 준비 없이 단상에 오르는 것은 무성의한 일이며, 예의도 아니라고 생각한다.

회의장은 생각했던 것보다 화려하고 거창하였다.

이미 단상에는 관공서의 대표와 어떤 대학교의 총장과 모 기업

재단의 이사장까지 참석하여 일렬 횡대로 가슴에 꽃을 달고 앉아 있었다. 꽃을 단 그들은 모두 축사를 길게 길게 하였다.

물론 내게는 축사할 시간이 주어지지 않았다. 이름 없는 일개 시인이 아니라도 그 모임에는 축사할 사람이 너무나도 많았던 것이다. 홀가분하기도 하였지만 좀 섭섭하기도 했다. 축사를 한 사람은 단 몇 사람에 불과하고 축사를 하지 않은 사람이 대부분인데 왜 내가 섭섭히 여기는가. 참으로 겸손하지 않은 마음이다.

내 속을 누가 알까 무섭다.

내게는 너밖에 없어

"걱정하지 말고 잘 놀다 와. 괜찮다니까. 잘 놀다가 와서 내일 아침 만나 얘기하자구. 내게는 너밖에 없어, 그런 것은 걱정하지 말어. 알았어, 잘 놀다가 와."

택시를 탔는데 기사가 전화하는 걸 들었다.

저쪽에서 하는 말은 물론 들리지 않았다.

"부인이세요?"

평소에는 택시를 타도 기사에게 말을 잘 붙이지 않는 편이지만 오늘은 그렇게 묻고 말았다.

'내게는 너밖에 없으니까 걱정하지 말아.'

그 말은 아내에게 하는 남편의 말일지도 모른다는 생각이 들었기 때문이다. 남편은 일요일에도 쉬지 못하는데 아내는 친구들과 어울려 놀러가면서 미안한 마음으로 전화를 했다면 남편이 그렇게 안심시킬 수도 있으리라 생각했다.

'내게는 너밖에 없어.' '내게는 당신밖에 없어.'라고.

"아뇨. 친구녀석인데요, 이놈이 오늘 어디 놀러 가는 모양인데, 이왕이면 내 택시를 이용할 걸 그랬다고, 속으로 걸렸던 모양입니다."

"네에."

"가봤자 한 10만 원 벌 텐데, 시내서 5만 원 버는 것이 속 편하지 거기까지 갈 필요 없어요. 아등바등한다고 부자 되는 것도 아니고요."

40대쯤 되어 보이는 택시기사는 언제 저렇게 달관을 했을까?

'내게는 너밖에 없어.'

이 말을 들은 그의 친구는 지금 마음이 어떨까? 얼마나 흥건할까, 얼마나 무거울까, 얼마나 슬플까. 그 말이 자꾸 귓가에 맴돈다.

나는 누구에게 이 말을 할까.

'내게는 너밖에 없어.'

파티가 끝나고 집으로 오면

많은 사람을 만나고 돌아온 날이면 쓸쓸함과 외로움에 잠기게 된다. 파티가 끝나고 집으로 오면 마법에서 풀려난 신데렐라처럼 초라하다.

질펀한 농담에 맞장구를 치고 화려하게 웃고 돌아온 날이면 내가 보잘것없이 버려져 있었다는 생각에 슬프다.

그 많은 사람들 가운데 한 알의 좁쌀처럼 섞여 있던 나. 알 수 없는 길을 나는 앞으로 또 어떻게 지탱해 가야 할 것인가. 갑자기 막막해지기도 한다.

그러나 어쨌다는 것인가? 혹시 내가 걸맞지 않은 욕심에 들떠 있는 것은 아닌가?

나는 물론 '지금까지 살아온 대로 살겠노라' 편하고 쉽게 결론을 내리겠지. 정말 지금까지 그랬던 것처럼.

많은 사람들과 어울리며 3박 4일의 여행을 마치고 돌아왔다.

강물을 끼고 산곡을 돌아서 가파른 언덕과 들녘을 건너서, 그리고 저녁과 새벽을 지나서, 소요와 침묵을 으깨며.

중노동을 하고 난 사람처럼 피로하다. 절망과 슬픔이 밀려온다.

나는 내가 너무 버거운 이상을 품고 있는 것도 같고, 때로는 내가 너무 우습게 나를 내동댕이치고 있는 것도 같다.

많은 사람을 만나고 돌아온 날이면, 나는 내가 너무 허랑하고 가벼운 것은 아닌가, 나를 돌아다보고 자책도 한다. 지금까지의 내 모습을 무효로 하고 다시 태어나자는 것은 아닌데도.

'지금까지 살았던 것처럼.'

그렇게 살기만도 마냥 쉽지는 않은데도.

연말이면 적금 타서

“우리 시어머님이 초순경에는 오실 거예요. 수금하러 오시는 거죠.”

“그 녀석이 전화를 할 거야. 돈이 떨어질 때가 되었거든.”

“오늘 저녁은 반찬에 신경을 써야 하는데……. 돈 얘기를 하려면.”

“그 애가 왜 갑자기 내게 선심을 쓰는지 겁나. 돈이라도 꾸어 달랄까 봐.”

맨 앞의 말은 며느리의 말이고 둘째 것은 아버지의 말이다. 그 다음은 아내의 말이고 맨 나중 것은 친구의 말이다.

사람의 관계가 돈으로 얽히면 부모 자식 사이나 내외간이나 친구 사이도 야릇해진다.

전직 대통령도 전직 대통령의 아들도 돈 문제로 시끄러운 세상.

도대체 돈이 어느 정도 있어야만 사람들은 만족할까. 아무도 내게 뇌물을 주려고 하지 않는, 외롭고 한적한 내 자리가 최고의 자리라는 생각이 든다.

〈목로주점〉이라는 노래가 있는데 나는 그 노랫말을 좋아한다.

"월말이면 월급 타서 로프를 사고 연말이면 적금 타서 낙타를 사자. 그래 그렇게 산에 오르고 그래 그렇게 사막엘 가자."

낙타 한 마리가 얼마인지(비쌀 것 같다), 적금을 타서 낙타를 사려면 한 달에 얼마씩 부어야 하는지, 그렇게 하려면 월급을 많이 받아야 하지 않을까, 전혀 걱정이 되지 않는 것은 아니겠지만, 월급날을 기다리고 적금 탈 날을 기다리는 그런 소박한 생활이 얼마나 평화롭고 아름다운가.

우아하게

그녀는 왕골로 짠 쟁반 크기의 깔개를 무릎 앞에 펼치더니 그 위에 다기를 하나 둘 진열하듯 내놓았다.

찻잔들은 박음질이 잘된 보자기에 싸여 있었고 보자기의 무늬들은 잔잔하고 고왔다. 솜씨 좋은 친구가 손으로 박은 것이라고 했다.

조그마한 찻잔들은 까만색이었고 윤기가 흘렀다.

"저는 까만 찻잔을 좋아해요."

내 시선을 의식한 듯이 그녀가 말했다.

주전자도 작고 앙증맞았다.

그 주전자에 따뜻한 물을 받더니 대나무 숟가락으로 찻잎을 떠서 넣고 잠시 뚜껑을 덮고 기다렸다. 그 기다리는 시간도 아름다워야 할 것처럼 사위는 조용하고 깨끗하였다.

그녀는 천천히 차를 따르더니 그 위에 꽃잎을 띄웠다.

"차 한 잔 마시기 되게 힘드네."

이렇게 말한다면 함부로 살겠다는 말이 될 것이다.

"어떻게 마시든지 결국은 위장 속으로 들어가서 뒤죽박죽이 될 텐데 무엇 때문에 이런 짓을 합니까."

이렇게 말하면 아무렇게나 뒤섞여 뒹굴자는 말이 될 것이다.

숨조차 조용히 쉬어야 할 것 같은 나무 그늘에서 우리는 우아하게 차를 마셨다.

최상의, 고급의, 귀족이 된 것처럼 말소리도 예쁘게 내고 싶었다.

손등이나 손가락 포즈를 어떻게 할까, 갑자기 아무것도 자유롭게 할 수 없는 것처럼 망설여졌다. 나는 꼼짝할 수가 없었다.

내 애인이었는데

그날 아침 아나운서는 그레고리 펙이 죽었다는 뉴스를 전했다.

아침 식탁에서 나는 진지하게 말했다.

"여보! 내 애인이 죽었어요."

남편은 무슨 말인지 몰라 어리둥절하였다.

"그레고리 펙이 죽었대요. 내 애인이었는데."

그는 별 표정이 없었다. 마음이 조금 복잡하긴 할까. 그러나 그것도 아닌 것 같다.

젊은 시절, 나는 곧잘 이런 말을 했었다.

"그레고리 펙 같은 애인을 두고 안소니 퀸 같은 머슴을 부리면서 살고 싶어."

"욕심도 많으셔."

좌중은 까르르 웃곤 했었다.

그레고리 펙.

어떤 영화에서건 그의 얼굴이 비치면 나는 안심한다. 더티 게임은 없을 것이며, 상식이 외면되는 상황은 벌어지지 않을 것이니까.

그는 소위 터프한 남자가 아니다. 나는 원래 터프하다는 말을 싫어한다. 그것은 규격을 벗어났다는, 막됐다는, 거칠다는 말로서, 돌발의 모습을 대변하기 때문이다.

그레고리 펙은 스마트하다. 그는 단정하고 잘생긴 신사다. 그의 주변에는 평화가 있고 자유가 있으며 휴머니즘이 있다.

그가 있는 화면은 어둡지 않다. 그는 급박한 상황에서도 은근한 유머를 즐길 줄 안다.

그는 40여 년간 함께 살아온 아내가 임종하는 가운데 고통 없이 세상을 떠났다고 한다. '40여 년간 함께 살아온'이라는 말이 나를 다시 감격시킨다. 5년, 10년이 멀다고 배우자를 갈아치우는 소위 인기스타들의 사생활과 비교할 때 그의 인생은 역시 차분했다. '고통 없이,' 나는 이 말에서 다소 위로를 받는다. 향년 87세. 섭섭하지 않은 나이라지만 그래도 나는 섭섭하다.

갈대밭에 갔었다

“순천만 대대에서 우리는 처음 손을 잡았다.” 시인 J씨의 데뷔작 첫구절이다.

어제 순천만 대대에 가서 드넓은 갈대밭을 보았다. 사랑을 아직 고백하기 전 문득 손을 잡을 수 있을 만한 장소였다. 누가 먼저 잡고 누가 잡혔는지 따질 필요도 겨를도 없이 손을 잡을 만한 곳이었다.

벌써 갈대는 많이 쇠락해 있었다. 해가 서쪽으로 지면서 갈꽃이 허옇게 반짝였다. 몇 십만 평이나 될까 그 숫자를 짐작하기 어려울 만큼 넓었다.

새들이 열을 지어 떼로 날고 있어서 하늘을 올려다보았더니 구름 한 점 없었다.

무슨 새일까?

안내판에는 혹부리오리, 검은머리물새, 민물도요새, 황로…….

이런 새들의 이름이 적혀 있었다.

"'대대'라는 지명이 특별하지요?" 화영이가 말했다.

"글쎄, 나도 처음엔 잘못 기록된 것인 줄 알았어. '순천만'까지는 좋은데……. 늘 들어서 익숙한 사람들은 오히려 멋있다고 여길 수도 있어."

우리는 해를 안고 걸었다. 왼쪽에는 갈대를 두고 오른쪽에는 가을해 들인 논바닥을 두고 가운데 둑길로.

말라비틀어진 코스모스 줄기가 치맛자락에 스쳐 버스럭거렸다.

가을은 온통 나를 위해 깊어가고 있었다.

풀빵과 황금잉어빵

우리가 어렸을 적에는 풀빵이라고 불렀다.

밀가루를 풀을 쑬 때처럼 묽게 풀어서 무쇠로 만든 틀에 구워낸 빵 말이다.

풀빵에는 국화꽃 모양의 것도 있고 물고기 모양의 것도 있다.

누가 누구를 꼭 닮았다고 할 때, '국화빵이다' 혹은 '붕어빵이다' 하는 것은 모두 복제한 듯이 똑같다는 뜻이다.

그런데 그 풀빵을 이제는 아무도 풀빵이라고 하지 않는다. 하기야 '풀빵'이라는 이름은 처음부터 성의가 없는 작명 행위의 소산이다.

이름 그대로 멀건 풀이 연상될 것인즉, 먹고 싶은 의욕도 일지 않을 것이다.

그런데 풀빵이 국화빵으로 국화빵이 붕어빵으로 차츰 이름이 바뀌더니, 요즘은 잉어빵이라 하는 집도 있고 금붕어빵 혹은 황금잉어빵이라고 하는 집도 있다.

풀빵이라고 할 때는 값이 쌌었는데 붕어빵이라고 하면서 값이 올랐고, 황금잉어빵이 되면서부터는 제법 고급티를 낸다.

'하늘은 스스로 돕는 자를 돕는다.'는 말이 맞는가 보다.

풀빵은 스스로 황금잉어빵이 되면서 물론 신분도 달라 보이지만 맛도 더 좋아진 것 같다. 이름값을 하려고 애를 쓰는 모양이다.

특별한 남자

새벽 시간 헬스장에는 특별한 남자가 하나 있다.

러닝머신에 올라 달리면서 그는 계속 무슨 말을 그치지 않고 한다.

첫날에는 좀 당황했지만 일주일이 지난 지금은 나도 익숙해졌다.

'앗사! 가오리!'라는 말은 그가 리듬을 맞추느라 하는 말이거니 이해할 수 있다.

그러나 그는,

"사장님, 그건 곤란합니다. 그 말씀에는 따를 수 없습니다."라고 자신 있게 저항하기도 하고,

"두고 보세요. 그놈을 어떻게 앞지르는지 지켜보십시오."라고 신념을 모으기도 한다.

"나는 합니다. 하고야 말겠습니다."라고 힘주어 선언하기도 하고,

"여러분, 저를 축하하러 와주셔서 감사합니다. 성공의 비결이 무

엇이냐구요? 그저 성실하게 열심히 달려온 것뿐입니다."라고 가상의 성공, 그 화려한 장면을 연출하기도 한다.

40대 초반은 넘었을 것 같은 그는 흐르는 땀을 연신 닦아내면서 새벽마다 자신에게 최면을 걸고 있다.

제일 처음 정복해야 할 대상이 자신이라고 생각하고 있나 보다.

오늘도 운동을 끝내고 먼저 가면서,

"여러분! 저 먼저 갑니다."

소리를 질렀다. 발성 연습을 해서 그런지 목소리가 화통 소리처럼 컸다. 그러나 아무도 대답을 하지 않았다. 다른 사람들은 그가 늘 그러려니 생각하는 것 같다.

그런데 간 줄 알았던 그가 다시 되돌아와서,

"여러분, 저 먼저 갑니다."

허리를 깊이 숙이면서 소리를 질렀다.

이번에도 사람들은 아무 대꾸도 하지 않았다.

그가 실존하는 사람들을 상대로 하지 않고 추상적인 대중을 상대하고 있다는 걸 사람들은 경험으로 알고 있는 모양이다. 특별한 남자, 특별한 광경이다.

수수한 여자

시인 윤수자 씨와 추어탕을 먹으러 갔다. 월요일, 가을비가 촐촐히 내리는 점심시간이었다.

계림동 근처의 좁은 골목, 인도와 차도에 엉거주춤하게 차를 세워놓고 안으로 들어갔다.

4인용 테이블 네 개밖에 놓을 수 없는 좁은 공간이었다.

입구에 걸린 서정주 씨의 〈연꽃 만나러 가는 바람〉이 눈에 들어왔다.

사람이 꽉 찬다고 해도 열여섯 명 이상은 앉을 수 없는 작은 집. 그러나 테이블에는 모두 레이스 테이블 보가 덮여 있었다.

주인 아주머니는 예쁘지도 않고 그렇다고 밉지도 않은 수수한 여자였다.

"시를 좋아하세요?"

어색하게 물었다. 나는 왜 시를 말할 때면 이렇게 어색한지 모르겠다.

그녀는 그냥 웃었다. 나를 한참 보더니,

"……혹시 이향아……?"라고 물었다.

내가 그렇다는 의미로 웃었다.

"신문에서 뵌 것하고는 좀 다르시네요."

"그건 젊을 때의 사진이어요. 말하자면 사기를 친 것이지요."

이번에는 셋이서 함께 큰소리로 웃었다.

그녀는 시를 좋아하느냐는 물음에 끝끝내 대답하지 않았다. 끝끝내 대답하지 않는 걸 보면 좋아하는 정도가 아니라, 지금 열심히 쓰고 있는 게 아닌가 싶다. '난 시를 좋아해요.' 호들갑을 떠는 사람치고 제대로 시를 아는 사람을 별로 본 적이 없으니까.

비가 오는 날에는 손님이 없다면서 그녀는 신문을 들여다보았다.

나는 추어탕의 시래기를 건져 올리면서 자꾸 주눅이 드는 기분이었다.

'이렇게 숨어서 시를 지키는 사람이 있구나.'

구기자차와 누룽지를 후식으로 주었다. 소리를 내지 않고 먹으려고 애를 썼는데도 자꾸만 소리가 크게 났다.

어리석은 착각이기를

청학동이라는 곳을 말로만 듣다가 어제 갔었다.

초가을 휴일, 무섭게 길이 막혀서 주 목적지인 그곳에는 저녁이 다 되어 당도했다.

문인협회의 가을 모임이었다. 일요일이지만 청미래문학회 회원 중에서 문협에 처음 소개해야 할 신인들이 있어서 동행하기로 한 것이다.

단풍은 아직 일러서 볼 것이 없었다. 아마 남쪽이어서 그럴 것이다.

남원, 구례를 대강 스치고 환인 환웅 단군을 모셔놓았다는 청학동의 삼성궁을 한번 돌아 나왔는데도 밖은 이미 깜깜하였다.

보수와 수구의 대명사, 시대를 거슬러 옛것을 숭상하는 고집불통의 닫힌 공간이라는 것이 청학동에 대한 일반적 인식이다. 그러나 현대와 문명이 거기만 빼놓고 비켜갈 수는 없었을 것이다. 청학동도 이미 호기심 많은 대중들의 관광명소가 되어 있었다.

관광객에 묻어서 잘못 침투된 물질과 문명이 오히려 이상야릇한 부작용을 일으킬 수도 있을 것이다. 갓을 쓰고 자동차를 운전할 수밖에 없는, 댕기머리에 구두를 신을 수밖에 없는, 청학동 사람들의 야릇한 동행을 우리는 우려의 눈빛으로 바라보았다.

요즘 TV에 출연하는 청학동 청년이, TV 출연을 은근히 깃발로 흔들지 않을까 하는 걱정, 그래서 그가 내건 서당 간판이 유달리 돋보이게 되지 않을까 하는 걱정. 이런 것들이 세파에 물든 속인의 닳고 병든, 형편없는 생각이며 어리석은 착각이기를 바란다.

내 걱정과는 아무 상관없이 변화의 물줄기는 갈수록 힘을 모아 바다로 흘러갈 것이다.

가을 연방죽

선희 씨와 점심을 함께 먹었다.

오후 강의가 시작되는 3시까지는 아직도 30분이나 남았다.

"한 바퀴 돌까요?"

선희 씨가 말했다.

그냥 학교에 앉아서 시간을 죽이는 것이 오늘은 어쩐지 무료하고 무의미할 것 같았다.

어디가 좋을까 생각하다가 두 사람이 합의한 것도 아닌데 아주 자연스럽게 운천 저수지 연방죽으로 향했다.

바람이 많이 불었다. 연을 뿌리째 캐어버렸는지 방죽의 절반쯤은 비어 있고, 연꽃은 흔적도 남아 있지 않았다. 지금은 10월 하고도 하순이 아닌가. 더러 연밥 주머니가 연잎 위로 쇠약한 모가지를 뽑기도 했지만 못나터진 연밥이라 아무도 거둬들이지 않은 모양이다. 아까 멀리서 보던 연방죽은 근사했는데 가까이 가서 들여다보았을 때의 아, 황량함, 절망감.

일정한 거리를 두고 바라봐야만 훌륭하게 보일 것이다. 가까이 다가가면 그의 실상, 그의 현실, 어쩔 수 없는 결함이 드러날 것이다.

물 위에는 여기저기 스티로폼이 훌렁훌렁 날아다니고 물은 지저분했다. 더러운 흙탕물에서 향기로운 꽃을 피운다 해서 불교에서는 연꽃을 사바세계를 극복한 대각견성의 상징으로 내세우나 보다.

기나긴 여름 무엇을 하느라 나는 한 번도 와보지 못했을까. 왜 가까이 와서 들여다보지 않았을까. 날마다 그 앞을 지나다니면서.

때가 지나서 가을이 깊어가는 을씨년스러운 날씨에 온 것이 한편으로는 억울하고 한편으로는 미안했다. 약속 시간을 비켜서 너무 늦게 당도한 애인처럼 나는 비참한 생각이 들었다.

연꽃은 나를 기다리는 동안 저렇게 쇠락했을는지 모른다.

계절에 화답하다

"나이로 말하면 스물네 살, 아니면 다섯 살이라고 할까요? '5월' 말이에요."

"그렇지. 생명력이 한창 왕성할 때니까."

"이런 때는 자주 밖으로 나와 자연의 기를 받아야 할 것 같아요."

"……."

"이 동네는 온통 산으로 둘러싸인 분지네요."

"여기까지 모두 물에 잠길 거야."

이런 말을 하면서 장흥에 다녀왔다.

나주에서 세지로 세지에서 유치로 돌아서.

녹색은 유록색과 진록색이 어울려서 입체적으로 살아 있었다.

자운영이 피어 있었고, 오동꽃이 피어 있었다. 아까시꽃은 오늘 내일 하였다.

스물네 살의 5월. 나는 그 나이 5월에 어디 있었던가. 무엇을 하였던가. 5월에 하지 않으면 안 될 꼭 해야만 할 일을 하였는가.

탐진강 댐을 만드는 작업 때문에 길이 많이 변해서 낯이 설었다. '키조개축제'니 '여다지 횟감축제'니 하는 플래카드가 여기저기 나붙어 있었다. 아름다운 계절에 편승한 이 몸부림을 지역문화 혹은 지역경제의 개안이라고 해석할 수도 있을 것이다. 그러나 일종의 오염이기도 하다. 별 특징도 없이 다투어 여는 축제. 결국은 그게 그것으로 끝난다. 계절에 제대로 화답하지도 못하고 이렇다 할 의미도 표현하지 못한다.

나도 얼렁뚱땅 포즈만 취하면서 '바로 지금'이 아니면 안 되는 시간을 놓치고 있는 것은 아닌지 모르겠다.

그들은 모두 바빴다

나는 수첩을 내놓고 이 사람 저 사람의 전화번호를 읽었다.

나는 아무 할 일이 없는 사람이었다.

내 시간에 맞추어 전화를 하고, 예고도 없이 그들의 질서 속으로 쳐들어가는 일이 과연 할 일인가 조금 망설이면서.

내 친구들은 늘 강조했었다.

"서울에 오시면 꼭 연락하세요."

그 말은 우정에서 우러나온 말이다. 나는 그들의 진실을 안다.

나는 이틀을 서울에서 머물면서 틈이 나면 수첩을 뒤적여 하나씩 다이얼을 눌렀다. 만날 수 있으면 만나고, 만날 수 없으면 안부만 알아도 된다.

그들은 대부분 부재중이었다. 모두들 바빴다. 빈집에 신호만 가기도 하고 가족이 받아서 그의 출타를 일러주기도 하였다. 어떤 친구는 병중이고 어떤 친구는 새벽에야 출장에서 돌아와 방금 잠이 들었다고 하였다. 그리고 어떤 친구는 정말 염치없게도 전화번호가 변경되어 있었다.

나는 얼마 동안 적막을 지켜야 할 것 같다. 적막, 그것만이 최고라는 생각이 든다.

2부

바이올린 찻집에서

콩나물밥

무슨 음식을 좋아하냐고 물으면 '김치찌개요'라고 하여 소탈한 식성을 과시하기도 하고, '된장국입니다'라고 해서 수더분한 성격을 인정받기도 한다. 그러나 대다수의 사람들이 진수성찬을 맘껏 즐긴 뒤에 으레 김치와 된장국으로 느긋거리는 속을 푼다.

지난 주말부터 일들이 겹쳐서 며칠째, 점심 저녁을 밖에서 먹곤 하였더니 그래서 그런지 속이 거북하였다.

모처럼 엊저녁에는 콩나물밥을 해서 양념 간장에 비벼 먹으면서,

"세상에서 이렇게 맛있는 음식이 또 있을까? 나 지금 무지무지 행복해."

나는 참지 못하고 말해버렸다.

몇십 년 지난 일인데 콩나물밥과 무슨 상관이 있다고 지금 자꾸

생각나는지 모르겠다.

일찍 대학교수가 된 남편의 친구가 우리 집에 놀러왔었다. 우리 내외는 고등학교 교사로 있을 때여서 그가 선택받은 행운아처럼 보였고 부러웠고 그리고 한없이 높아 보였다.

그는 돌아갈 때 우리 집에 뒹굴어 다니는 〈한자 펜글씨 교본〉을 가리키면서,

“저 책 제게 주실 수 없습니까?”

하였다. 나는 의아하여 그를 바라보았다.

“한자의 획순을 틀리게 쓰는 경우가 많아서요. 우리 때는 한자의 기초를 흐지부지 배우지 않았습니까?”

겸연쩍은 듯이 머리를 긁었다.

그는 좋지 않은 병으로 일찍 세상을 떴다. 사후에 혹 그의 공과가 거론될 때면 나는 꼭 그를 두둔하고 변호한다.

매사를 기초부터 할 줄 아는 사람, 내가 지금 어디까지 왔는가, 체면만 세우려고 하지 않고 좀 유치하게 보일지라도 되돌아서서 정직하게 힘을 보충하는 사람, 그런 사람이라면 괜찮은 사람이 아니겠냐고 막아서서 기를 쓰고 보호하고 싶은 것이다.

무슨 일이건 바닥과 기초가 중요하다. 어물쩍하니 외모만 그럴듯 한 것은 믿을 수가 없다.

삼월 초하루

아침에 방안에서 다리를 폈다 오그렸다 간단한 운동을 하면서 TV를 켰다. '탤런트 누가 군대에 간다'느니, '누가 입소한 지 백일이 되었다'느니, '가수 아무개가 애를 낳았다'느니, 그런 소식을 세상이 떠나갈 것처럼 시끄럽게 떠들었다. 나는 투덜거리면서 채널을 돌렸다.

KBS와 MBC가 똑같이 정동의 〈유관순 기념관〉에서 거행하는 3 · 1절 기념행사를 중계하고 있었다.

그렇지, 오늘이 그날이지. 아침 일찍 태극기를 내다 걸고도 나는 깜빡했었다. 하얀 세일러복에 하얀 스커트 차림의 여학생들이 축가를 불렀다. 송창식이 불렀던 〈내 나라 내 겨레〉라는 노래인데 합창으로 부르니 장엄하고도 아름다웠다.

“보라 동해에 떠오르는 태양/누구의 머리 위에 이글거리나/피어린 항쟁의 세월 속에/고귀한 순결함을 얻은 우리 위에/보라 동해에 떠오르는 태양/누구의 앞길에서 환히 비춰나”

나도 따라 불렀다. 그리고 기미독립선언문을 낭독할 때도 따라 읊었고 마지막 만세삼창을 할 때도 방안에서 소리를 질러 만세를 함께 외쳤다. 눈물이 울컥 쏟아지려고 하였다.

“우리 조선은 이에 우리 조선이 독립한 나라임과 조선 사람이 자주적인 민족임을 선언하노라. 이로써 세계 모든 나라에 알려 인류가 평등하다는 큰 뜻을 똑똑히 밝히며, 이로써 자손 만대에 일러, 민족의 독자적 생존의 정당한 권리를 영원히 누리도록 하노라. (하략)

옛날 고등학교 3학년 교과서에 나왔던 글이고 학생들에게 열심히 강의한 내용인데 이렇게 명문일 수가. 이렇게 명문이라는 것을 이렇게 늦게야 깨닫게 될 수가. 나는 오늘 새로운 발견자, 그리고 새로운 조선 사람, 애국자가 된 기분이다.

화창한 얼굴로

3월 4일 금요일. 새 학기 첫 수업을 한다.

학생들도 새로운 마음으로 강의실에 모여 나를 기다리겠지만 나도 기대와 흥분으로 강의실에 들어갈 것이다.

수강생은 몇이나 될까, 어떤 학생들일까? 학생 수가 많지 않았으면 좋겠다. 수가 많으면 실제적인 지도가 되기 어렵다. 특히 수필 창작 지도는 더 그렇다. 함께 낭독하고 생각하고 합평하려면 엄청난 시간이 필요하다.

학생 중에는 학점을 받기 쉬운 과목이 무엇인지 선배들에게 물어서 선택하는 경우가 적지 않다고 한다. 그런데 나는 학점이 매우 짜다, 이빨도 들어가지 않는다, 깐깐하다는 악명이 높아서 학생들이 미리 겁부터 먹는 모양이다.

나는 학생 때도 학점이 너무 푸진 교수가 싫었다. 최선을 다해 공부한 학생과 얼렁뚱땅 해치우는 학생과는 분명한 차등이 있어야 한다. 성실하게 노력하여 응분의 보수를 받고 검소하게 생활하면서 저축하는 사람. 목표를 세우고 한 계단 한 계단 감사하면서 겸허한 태도로 상승하는 사람이 행복한 나라, 그런 나라 그런 사회가 되어야 좋은 세상이라고 소리칠 수 있다. 횡재란 없다. 있더라도 그것은 위험하다.

잠시 어리석어 횡재를 바라지만 그 횡재의 내면에는 의외로 무서운 복병이 기다리고 있는 것이다.

깐깐하다고 소문이 났는데도 오늘 나를 찾아온 학생들을 화창한 얼굴로 만나고 싶다.

속내와 의중

나는 상대방이 사양하면 자꾸 권하지 않는다. '싫은가 보다.' '싫은데 자꾸 권하면 귀찮아할 거야', 생각한다.

강권하지 않는 내 태도가 어쩌면 차갑고 메마르게 보일 수도 있을 것이다. 그 대신 나는 누가 진심으로 권하는 것 같으면 사양하지 않고 응한다.

좋은데도 싫은 척하거나 싫은데도 좋은 척하지 못한다. 그러나 남들은 이런 내 모습을 어떻게 볼까? 솔직하다고 할까? 참을성이 없고 급하다고 할까? 염치 불고한다고 할까?

내가 나를 열 번 물러서서 바라보아도 전통적 한국인의 태도라고는 볼 수 없을 것 같다.

"더 드시지요."

"됐어요. 그만 먹겠어요."

그렇게 말했다고 해서 권하지 않으면 야박하게 보일 수도 있을 것이다.

"회장님, 한 번만 더 유임하시죠."

"그만두겠어. 나 아니라도 할 사람이 많은데 이젠 물러나야지."

예의로 사양하는 말을 곧이 듣고서 이내 다른 회장을 물색하는 것은 예의가 아닐 수도 있다.

이래서 속내라는 말이 있고 의중이라는 말이 있는 것 같다. 이 '속내'와 '의중'을 잘 짚어내야 출세할 수 있다고 한다. 내가 출세와 무관한 것은 아마 속내와 의중을 파악하는 일에 둔감하기 때문인 것 같다.

바이올린 찻집에서

졸업생 H한테서 전화가 왔다. 졸업한 지 15년 만이라고 한다.

그는 카투사에서 군복무를 마치고 오더니 갑자기 반미주의자가 되어서 교수들의 맘을 불안하게 했었다.

글은 제법 썼는데 글씨 모양은 아주 이상했던 게 생각난다.

무슨 내색을 했던 것은 아니지만 나는 H가 나를 매우 따르는구나 생각했었다. 그가 과격한 일은 저지르지 않으리라고 나는 믿었고, 그는 그렇게 해주었다.

졸업 후 미국으로 가더니 잘 있다는, 영문학과 동기와 결혼을 했다는 소문이 들렸다. 미국에서 석사를 마치고 귀국하여 외국어 교육기관에서 연봉을 많이 받고 일한다는 말 역시 풍편에 들었다.

"교수님, H입니다."

2주 전인가 연락이 왔었고,

우리는 오늘 '바이올린'이라는 찻집에서 만났다.

찻집 이름이 좋아서 마음이 더 설레었다.

"교수님, 어제는 윤수를 만났는데요. 수업시간에 '다리가 예쁜 여자'란 글을 썼다가 교수님께 냉엄한 비판을 받았대요."

내 앞이라서 '냉엄한 비판'이라고 말하지, 저희들끼리는

'나 그때 묵사발이 됐었잖아', '그랬었지' 맞장구를 치며 떠들었을 것이다.

H는 이 말 저 말 끝에 동기 중에 두 사람이 죽었다는 말을 했다.

"윤영기는 어쩌다가 죽었어?"

"과로사입니다. 학원에서 강의를 하다가 그대로 쓰러졌다는군요."

"이은호는?"

"퇴근 후 포장마차에서 술을 마시다가 싸움이 벌어졌는데 갑자기 상대편에서 칼을 들고 달려들어서 그만……."

말을 이을 수가 없었다. 황량한 바람이 가슴을 찢고 지나갔다. 이 시대의 죽음 가운데 대표적인 두 종류의 죽음을 내 제자들이 당한 것이다. 일에 기진맥진 시달려 죽고 삶이 허허로워 술로 달래다가 폭력에 죽고…….

"교수님, 이렇게 만나 뵙게 되어서 기뻐요. 점심을 사드리려고 했는데 잡숫고 나오셨으니 윤수랑 다시 만나요."

"그래, 그렇게 해. 윤수도 보고 싶어."

나는 미루지 않았다. 만날 수 있을 때 만나고 싶었다.

비어 있는 아름다움

시험기간이라서 학교가 조용하다.

주차할 공간도 넉넉하고, 이리저리 뛰고 닫는 발걸음 소리도 없고, 인문과학대학 현관에 들어서면 왁자하게 울리던 웃음소리도 없다.

비어 있는 것은 가득 찬 것보다 겸손하고 차분하다. 그리고 쓸쓸하고 편안하다.

어제 신문사에 원고를 E-Mail로 보냈는데 보내놓고 생각하니 아무래도 제목이 마음에 들지 않는다.

다시 적어 보냈더니 '전송실패'라는 메시지가 뜬다. 어제까지 잘 들어갔는데 왜 오늘은 실패일까?

반송의 이유는 '메일 용량이 초과되어 현재 메일 수신이 불가능합니다.'라는 것이었다.

한꺼번에 많은 차량이 몰리면 고속도로에서도 병목현상이 일어나 오도가도 못하는 체증이 일어나는 것처럼 말이다.

모자라는 것은 어느 경우를 따질 것 없이 궁핍이며 가난이며 불완전인 줄 알았다. 그러나 넘치고 쌓이는 것은 더 시급하게 해결해야 할 큰 문제다.

오늘 아침 한 주먹의 약을 삼키면서 한심스럽고 창피하고 두려웠다. 육체를 위하여 발버둥치고 있는 게 한심스럽고, 피의 농도가 진해서 맑혀야 한다는 것이 창피하다.

그리고 내 몸으로 들어가는 많은 약들이 위장 내에서 과연 어떤 작용을 할 것인가? 차라리 먹지 않음만 못한 사고를 일으키는 것은 아닐까 두려운 것이다.

비워야겠다.

책을 한 보따리 들고 출근하였다. 연구실에 모아지면 도서관에 줄 생각으로. 내게 남아도는 것은 책이니 우선 책부터 덜어내야겠다.

별도 많이 떠 있었다

어제 저녁 구례 산동 지방은 날이 궂었다. 쌍계사로 해서 칠불사까지 올라갔지만 사찰은 구경하지 않고 물안개만 둘러보고 되돌아 나왔다. 서울에서 다섯, 여수에서 하나, 전주에서 하나 그리고 광주에서 둘이 갔으니까 모두 아홉 사람이 모였다.

격월로 홀수 달에만 한 번씩 모이기로 했는데 격월을 지키기도 여간 어려운 일이 아니다. 청둥오리 바비큐로 저녁을 먹고 민박집 뜰에 둘러앉아서 동요도 부르고 찬송가도 불렀다.

누가 그러자고 한 것도 아닌데 자연스럽게 이부합창, 삼부합창을 하게 되었고 화음이 썩 잘 맞았다.

그대로 어느 무대에 세워도 손색이 없을 것 같았다. 예전 채플 시간에 닦은 실력, 합창부로 활약했던 가락들이 수십 년이 지났는데도 그대로였다.

나이는 들었어도 목소리들은 여전하구나. 나는 감격하였다. 하늘을 바라보니 별도 많이 떠 있었다.

열두 시가 넘어 방으로 들어와 총무는 밀린 회비를 걷었다.

지난번에 냈다느니 안 받은 것 같다느니 하는 말도 들렸다.

"야, 너희들 아까 노래 부를 때와는 분위기가 영 다르다."

내가 한마디 거들었더니 모두 와그르르 웃었다.

나는 이 모임의 고문이다. 초로에 들어선 이 아줌마 애들의 담임 선생님이었으니까, 그래서 나한테는 회비를 내라고 하지 않는다.

나는 바로 전날, 여성주간 행사에서 받은 강연료를 찬조금이라며 내밀었다.

아줌마들은 좋아 죽겠다는 듯이 깨질 듯한 박수를 쳤다.

그녀에게 하듯이 수세미에게

'저는 아마도 선생님을 사랑하고 있나 봅니다.' 그녀가 보낸 편지에 씌어 있었다.

언제 들어도 사랑한다는 말은 나를 전율하게 한다. 내가 그때 무엇이라고 대답했었는지 생각이 잘 나지 않는다. 어색해서 얼버무렸을까?

아마 새로운 사랑의 관계를 만들기가 두렵다고 말했을 것 같다. 그게 애정이든 우정이든 간에. 과거의 관계도 잘 경영하지 못하면서 덜컥덜컥 새로운 일을 만들기가 사실 겁이 나니까.

우리는 문학 사이트에서 글로 만났다. 그녀는 수필가다.

내가 덤덤하고 촌스럽게 구는데도 그녀는 가끔 편지도 보내고 내 홈페이지의 게시판에 안부도 전한다. 나는 그녀의 열정과 그 아름다움에 자주 감격한다.

수세미 씨도 그녀가 우편으로 보낸 것이다.

수세미가 요즘 제법 넝쿨을 뻗는다. 제법 큰 화분에 심어놨지만 씩씩하게 자라면 그 공간이 좁아질지 모르겠다. 다섯 개의 씨앗에서 겨우 두 포기를 건졌다.

처음에는 세 개에서 떡잎이 났었는데 더 넓은 화분으로 옮겨놓은 후 하나가 시들시들하더니 죽고 만 것이다.

우리는 수세미에게 귀한 손님 대접하듯이 한다. 물을 자주 주거나 거름을 많이 주면 뿌리가 상하지 않을까, 너무 조금 주면 말라붙지 않을까, 조절하느라 바쁘다. 화분에 가늘고 긴 막대를 꽂았는데 그 막대의 끝이 빨래 건조대를 거쳐 베란다 천정을 뚫을 듯이 곧장 뻗어 있다.

나는 그녀에게 하듯이 수세미에게 한다. 나도 모르게 그녀를 사랑하고 있나 보다.

충만한 밤

희경이 부부와 함께 저녁을 먹었다.

희경이는 내가 처음으로 부임했던 전주 K여고의 제자다.

그들은 미국에서 공부를 마치고 돌아와서 지금은 둘 다 대한민국의 실력 있는 교수로 일하고 있다.

"35년 만에 선생님을 만났습니다. 죄송합니다."

한참 동안 감격하여 두서없이 떠들다가 상이 차려지고 음식을 먹기 전에 우리는 머리를 숙이고 길고도 간절한 기도를 했다.

기도가 끝난 후 희경이 남편인 조 교수가,

"술은 무엇으로 할까요?"

남편에게 물었다. 남편에게 물었는데 얼른 내가 나서서,

"기도는 기도고 술은 마셔야겠지요? 백세주로 합시다."

나는 이골이 난 술꾼처럼 익숙하게 말했다. 함께 소리를 내어

웃었다.

우리는 거의 다섯 시간이나 얘기를 나누었다. 처음에는 추억에 잠기다가 나중에는 화제가 무제한으로 넓어진 것이다.

한국 교육의 문제점, 말도 아닌 교통질서, 공무를 집행하는 경찰을 구타하는 엉터리 평등의식에 대하여 비판하였다. 그리고 미혼모에 대한 과도한 긍정이 사회에 미칠 영향에 대해서도 언급하였다. TV 드라마의 악영향과 드라마 작가의 자질에 대해서도 걱정하였다.

그들은 미국에서 공부하는 동안 아이 둘을 낳았고 지금 애들이 미국에서 공부를 하고 있는데 우리말을 아주 잘 한다고 하였다. 예전보다 우리나라의 위상이 높아져서 조국에 대한 긍지를 가진다고도 했다. 기분 좋은 말이었다.

너무 늦은 시각이어서 주차장에 들어가는 문도 닫혀버려 겨우 차를 꺼내왔다.

이튿날까지도 가슴이 꽉 찬 느낌이었다.

I want your heart

병마에 시달리던 교황 바오로 2세가 선종하였다.

'선종'이라는 말이 생소해서 사전을 열어 보았더니,

'가톨릭 용어, 대죄 없이 세상을 떠남.'이라 적혀 있었다.

'대죄.'

어디까지가 소죄고 어디까지가 대죄인진 몰라도 그는 소죄도 저지르지 않았을 것 같다.

천진한 얼굴, 맑은 웃음이 그렇게 짐작하게 한다.

그의 시신은 유언대로 성당의 지하에 묻힌다는데 조국 폴란드에서 가져온 흙을 시신 위에 덮는다고 한다.

어제 가톨릭 신자인 친구 둘과 함께 교외에 나갔었다. 한 달 전에 한 약속이어서 교황의 장례에 신자로서의 엄숙한 의례를 갖추지 못한다고 친구들은 못내 아쉬워하였다. 내가, "교황의 말씀 중

에는 매우 시적인 표현들이 있어요." 했더니 한 친구가

"진짜로 시인이세요. 여러 편의 시를 쓰셨어요. 혹시 책으로 묶여 나오지 않았는지 모르겠어요." 했다. 그러자 다른 친구가 "내 심장은 폴란드에 묻어달라고 했답니다."라고 덧붙였다.

나는 처음 듣는 말이었다.

"정말입니까? 그렇다면 그는 의심할 것 없이 시인입니다."

말하는 내 가슴이 옥죄는 것처럼 몹시 뛰었다.

'시신은 이태리에 묻혀도 심장은 내 조국에 묻히고 싶다.'는 말. 이 말이 보통 말인가?

'의무와 사명은 이태리에서, 내 사랑은 조국 땅에서.' 아니 그 이상이겠지.

친구 D가 하던 말이 생각난다.

"갑자기 크리스마스 선물이라면서 그 사람이 무얼 내밀더라구. 난 당황해서,

'어머, 전 아무것도 준비하지 않았는데 어떡하죠, 감사합니다.' 했더니, 그가 뭐랬는 줄 알어? 글쎄 'I want your heart.'래. 나 기절하는 줄 알았어."

Heart, 심장, 사랑, 생명…….

친구 D는 물론 그 남자와 결혼했다. 그 남자가 원하는 심장을 주었나 보다. 심장을 주고 나면 무엇이 남겠는가?

“No!”라는 말

“No!”라고 말하고 나면 마음이 우울해진다.
“No!”라고 말하고 나면 내가 그 거절 속에 갇힌다.
“No!”라고 말하고 나면 마음이 모질고 강팍해지는 것 같다.
그렇게 말할 일들이 제발 없었으면 좋겠다.
그 말에는 쉬어갈 그늘도 없고 바라볼 언덕도 없다.
그 말에는 꿈도 없고 그리움도 없다.
지난달에 나는 어떤 자리에서 “No!”라고 하였다.
7년 동안 짊어졌던 책임을 내려놓겠다고 하였던 것이다.
그것은 누적된 실망과 짜증 때문에 나온 말이다.
그러나 회원들은 하나같이 안 된다고, 짐을 더 짊어지라고 하였다.
그들이 안 된다고 하니 내 자유까지 박탈한다는 생각이 들었다.
그래서 나는 더욱 강하게 “No!”라고 하였다.

그로부터 한 달이 지난 오늘 모임에서는 다음에 짐을 이어 짊어질 사람이 오랜만에 나왔다.

그가 매우 솔직하고 예절 바르게, 그리고 진지하게 부탁하였다.

"1년만 더 맡아주세요."

꼭 1년만이라고 못을 박고 나는 결국 그러겠노라 하였다.

헤어져서 돌아올 때, 그 중 한 회원이 말했다.

"교수님, 오늘은 웃으시니까 참 좋아요."

"No!"라고 말할 때는 웃지 않다가 오늘 그러마(Yes)고 하면서 나도 모르게 웃었나 보다.

"No!"라는 말에는 웃음이 없다.

그런 사람이 그리운 저녁

의지가 굳다는 말은 고집이 세다는 말과 비슷할 것이다.

신념이 강하다는 말은 앞뒤 돌아보지 않고 무소의 뿔처럼 나아간다는 말과 비슷할 것이다.

그래서 어떤 의지, 어떤 신념은 곁에 있는 사람을 피곤하게 한다.

자존심이 강한 사람은 어느 누구의 꾸중도 용납하지 않고 '잘했다', '잘한다' 칭찬만 들으려고 하는 사람과는 달라야 한다.

정말로 똑똑한 사람은 그 똑똑함으로 다른 사람을 바보처럼 위축시키고 자기만 솟으려고 하지 않아야 한다. 그러나 어떤 자존심, 어떤 똑똑함은 그 주변을 긴장시키는 경우가 많다.

만일 양지의 뒤곁 응달진 곳에서 추위에 떠는 사람이 있다면 나는 거기가 비록 어쩔 수 없이 조성된 응달이라고 하여도, 반대편 양지의 존재까지도 인정하고 싶지 않을 것이다.

그리고 세상을 의심할 것이다.

사람이 물러터져서 아침에 결심한 것을 저녁에 잊어버리고 후회하는 그런 사람.

목표를 세웠지만 백 리도 못 가서 후회를 하고, 형편에 따라서는 궤도를 수정하고 되돌아오기도 하는 사람.

어려우면 정직하게 어렵다고 말하고 인간의 한계와 자신의 어리석음을 고백하는 사람. 나보다 잘난 사람을 인정하고 부러워하고 칭찬하는 사람.

약점이 많은데도 그 약점 때문에 오히려 귀여운 사람.

무슨 일인지, 그런 사람이 그리운 저녁.

나는 그분의 제자입니다

스승의 날이 다가온다.

내 스승 가운데 세상을 떠나신 분이 점점 많아진다. 세상을 떠난 내 스승들은 아름다운 명예로 역사 속에 남을 것이다.

몇 년 전 내 아이에게, "네가 가장 존경하는 선생님이 누구시냐?" 물었었다. 아이는 얼른 대답을 하지 못하고 머리를 긁적거렸다. 그러더니, "별로……."라고 하였다. 말하자면 별로 존경할 만한 사람이 없다는 것, 얼른 생각이 나지 않는다는 것이겠지. 나는 다소 격한 목소리로 "네게 존경할 만한 스승이 없다는 것은 네 존경을 받지 못하는 어떤 스승의 불행이 아니야. 존경할 만한 스승을 가지지 못한 네 불행이지."라고 하였다.

아이는 섬뜩 놀라는 표정이었다.

불행해지고 싶지 않아서 그랬을까? 그후로 아이는 스승의 이름

하나를 찾은 모양이었다.

암담한 절망 속에서 간절히 그리워지는 스승. 기쁜 일이 있을 때 달려가 소식을 전하고 싶은 스승을 가진 사람은 행복하다. 스승의 지혜와 스승의 덕성을 진실로 사모하는 사람은 다만 사모하는 위치에 머물지 않고, 그도 어느새 스승을 능가하는 지혜와 덕성의 그늘을 주변에 펼치게 된다.

그래서 나는 자신이 없다. "나는 어느 분의 제자입니다." 터놓고 말할 용기가 나지 않는다.

그런 말을 하기가 두렵다.

지금 행복해요

어제 예지원에 강의를 하러 갔다가 J를 만났다.

나는 처음에 누군지 몰라서 한참을 빤히 바라보았다.

"어머 교수님! 저 가정과 졸업생이에요. 교수님께 교양국어를 배웠어요. 늘 생각하곤 했는데…… 정말 오랜만에 뵙네요."

이목구비가 정연하고 얌전한 얼굴이었다. 나는 알아보지 못한 것을 미안해 하면서 이름을 묻고 몇 회 졸업생인가 물었다.

강의가 끝나고 사무실에서 예지원 원장님과 이야기를 나누고 있는데 아까 그 J가 왔다.

"갑자기 뵙게 되니까 아무런 준비가 없어서 죄송해요. 이거 제가 만든 것인데요. 이거라도 드리고 싶어요."

그는 핸드백 속에서 자그마한 손지갑을 꺼내더니 그 안에 들어있던 물건들을 모두 비워버리고 수줍어하면서 내게 내밀었다.

베이지색 바탕에 빨간 장미 무늬가 그려진 헝겊으로 만든 지갑이었다.

반짝이는 구슬을 박아서 아주 정교하게 누빈 것이 보통 솜씨가 아니었다.

"여기 제 이름의 이니셜도 새겼어요."

"그래 K S J, 김신정이라고 했지. 고맙다. 오래오래 간직할게."

옆에 서 있던 원장님이 우리를 부러운 눈으로 바라보았다.

집에 와서 남편에게 자랑하였다.

"교육은 예술이에요. 어떤 유연한 가슴에 뿌린 씨가 수십 년 후에 놀라운 열매가 되는. 그 애의 손때가 묻은 지갑이라서 나를 더 행복하게 해요."

나쁜 점만 있는 건 아니니까

전에는 누가 선물을 주면 신이 났다. 전에는 누가 저녁을 산다고 하면 기대에 차서 즐겁게 기다렸다. 전에는 누가 나를 칭찬하면 기분이 좋아서 우쭐거렸다.

그러나 지금은 그렇지 않다.

선물을 받으면서 불쾌하거나 우울한 것은 물론 아니지만 이렇게 받아도 되는가 생각하게 되고, 나도 갚아야 하는데 언제 어떻게 갚을까 궁리하게 된다.

누가 저녁을 산다 하고 그게 처음이 아닐 때면, 자꾸 대접만 받는 것이 떳떳하지 않아 마음이 무겁다.

누가 나를 칭찬하면 실상과 진실을 들킬 날이 멀지 않았구나, 불안하다. 심하게 말하면 위기감이랄까, 위태로움을 느끼는 것이다. 내게는 그가 칭찬한 좋은 점보다 훨씬 많은 결함들이 있지 않은가. 그것을 안 그가 어느 날 실망하게 되면 나는 갑자기 낙마하여 위험하게 될 것이기 때문이다.

오히려 나를 대수롭지 않게 생각하는 사람들 앞에서 나는 편안하게 희망을 품게 된다.

내게도 그리 나쁜 점만 있는 것은 아니니까, 내게도 미덕이라는 것이 조금은 있을 테니까.

향기로운 남자

'그 남자에게서는 언제나 연한 세숫비누 향내가 났다.'로 시작하는 소설을 언제 어디서 읽었을까.

나는 그 남자의 인격이 고결할 것이라고 믿었다. 물론 언행이 단정하고 와이셔츠의 깃도 바르고 깨끗하리라. 그 음성은 맑으며 판단은 곧고 정대하리라고 생각하곤 하였다.

내 화장대 서랍에는 친구들에게서 받은 향수가 몇 개 있다. 그러나 나는 그것들을 잘 쓰지 못한다. 특별히 사용하지 않으려고 마음을 먹어서가 아니라, 향수를 뿌리고 나설 마음의 여유가 없어서겠지.

여유를 가장하여 며칠 실행하다가도 향수 그 자체가 의심스럽기도 하고, 혹시 악취로 둔갑하여 오히려 나쁜 인상을 주지는 않을까 자신이 없어지기도 한다.

향수를 무지무지하게 뿌리고 다니던 동료가 있었다. 소문에 의하면 그에게서는 겨드랑이 냄새가 많이 난다고 하였다. 그 냄새를 덮으려고 향수를 자꾸 뿌린다는 것이었다.

한여름 그의 곁을 지나가다가 욱하고 치밀어오를 듯한 역한 냄새를 맡은 일이 있다.

날마다 덧씌웠을 향수, 그것이 누적되어 뿜어져 나오는 이상야릇한 냄새였다.

그는 향수를 뿌리고도 몸을 항상 웅숭그리고 다녔다.

나는 그럴 때마다 날 듯 말 듯 얕은 세숫비누 향내를 풍긴다던 소설 속의 그 남자를 생각하곤 하였다.

잠이 오지 않는 밤

잠이 오지 않으면 깨어 있으라.

이것은 내가 나 자신에게 늘 주장하는 말이다. 억지로 잠을 청하려고 할 때, 애써 잠을 청해도 오지 않을 때, 그때 느끼는 것은 괴로움 외에 아무것도 아니다.

그러나 세상 사람들이 거의 잠들어 교교한 시간에 소수의 몇이 눈을 뜨고 있다는 생각, 눈을 뜬 소수의 사람들 중에 내 이름이 끼어 있다는 생각, 이런 생각이 나를 우쭐하게 한다.

잠이 오지 않는 밤, 팔짱을 끼고 소리를 내지 않으려 애쓰면서 마루를 걷노라면 대낮에는 숨어 있던 밤의 정령들이 눅진하게 내려와서 활동을 시작하고 있다는 것을 알게 된다.

해 아래에서는 숨 죽이고 있던 무생물들이 모여서 공론을 하고, 생물들에게 섭섭했던 마음을 털어놓고 있는 것 같다.

내 숨소리에 내가 놀라는 밤, 나는 어느새 겸손해지고 어제보다 알아보게 숙성해 있는 것 같다.

날이 밝는 내일 아침, 세상에는 내가 무시하고 깔볼 만한 것이 아무것도 없다는 것을 다시 깨닫게 될 것이다.

내일 아침이면 나는 오늘보다 더 유순하고 따뜻해져 있을 것이다.

진실 전하기

진실을 전하기가 어렵다.

진실을 전할 때 나는 구태여 강조하고 싶지 않다. 진실은 진실이기 때문에 담담하게 표현하고 싶다. 보석에 더 치장을 하는 일은 지저분한 군더더기일 뿐이므로. 보석은 보석 그것 하나로 족하므로 강조는 오히려 우스꽝스러울 것이다.

나는 진실을 전할 때, 그것이 상대방에게 전해지기도 전에 내 가슴이 먼저 저리다. 그러나 나는 오늘 아침에 이런 편지를 쓰고 말았다.

"○○○ 씨 나는 ○○○ 씨를 많이 사랑하거든요. 그런데도 이 사랑이 잘 전해지지 않습니다. 정신없이 바쁘게 살면서 나는 마치 등을 돌리고 있는 사람처럼 낯설게 굴 때도 있을는지 몰라요."

여기까지 쓰는데도 힘이 들었다.

손끝에 맥이 확 풀리는 것 같아서 나는 한참 동안이나 정지하고 있었다.

나는 오해를 받으면서도 자꾸 변명하고 싶지 않다.

변명하는 내 꼴이 오해를 받는 것과 별로 다르지 않을 만큼 구차하리라 생각되기 때문이다. 인생이 한 오백 년 이어질 것처럼 기다린다. '때가 되면 풀리겠지.' 하는 것이 내 믿음이다.

"사실대로 말하세요. 억울하지 않아요?"

그러나 잔뜩 벼르고 있는 사람에게 전후 좌우를 조리 있게 설명하는 일도 그리 쉬운 것은 아니다.

눈물과 웃음

"너무 좋아서 울었어요. 엉엉 울었어요."

칭찬을 받은 어떤 학생이 게시판에 올린 글이다. 그가 울었다고 하는데도 나는 만족스러웠다. 충분히 감격했구나, 기뻐하고 있구나 생각하면서.

울음은 감동의 극치다.

물론, 아파서 울었어요, 억울해서 울었어요, 속이 상해서 울었어요, 슬퍼서 울었어요 등 우는 경우가 다양하지만 어떻게 울었든지, 눈물은 순수하다.

그래서 비애는 가장 아름다운 감정이라고 하는 말에 이의를 제기하지 않는다.

그러나 웃음은 다르다.

'내가 어찌 웃지 않을 수가 있겠어.'

'피식 웃음이 나오더군.'

'뱃살을 쥐고 웃었어.'

'왜 웃어? 기분 나쁘게.'

기쁘고 행복해서만 웃는 것은 아니다.

가소롭다는 말이 있듯이 하도 시원찮고 같잖아서 웃을 수도 있고, 참을 수 없을 만큼 유치하거나 당치 않거나 어이없을 때도 웃는다.

전혀 얼굴을 찡그리지 않고 시종 웃으면서 싸우는 사람도 있다. 참 기분 나쁜 사람이다. 그리고 무서운 사람이다.

'최후에 웃는 자가 성공한 자다.'라는 말이 있다. 그때의 '웃음'은 승리의 징표이다. 그러나 성공한 그는 지난날을 돌아보며 남몰래 울 수도 있다.

웃으면서도, 내 웃음이 때로는 다른 사람을 절망시킬 수 있다는 것을 생각해야 한다.

맹세

나는 맹세를 잘한다.

'글쎄요'라고 하지 않고 '절대로'라고 한다.

그 '절대로'가 나를 묶어서 꼼짝 못하게 할 때도 있다. 맹세한다는 것은 자기를 다그치는 짓이다. 예사로 해서는 안 되니까 아주 단호하고 가혹하게, 매질하듯이 몰아세워, 고문하는 것이다.

오늘 어떤 학생이 "공부를 열심히 할 것을 맹세합니다."라고 하였다. 내가 공부를 잘하라고 말한 적은 없다. 오히려 잘했다고 칭찬하였는데 그는 더 잘하도록 맹세하겠노라고 하였다. 나는 속으로 이렇게 말했다.

'맹세하지 않아도 되는데, 맹세까진 하지 말아요. 무엇 때문에 맹세까지 해요.'

그가 맹세할 때의 서늘한 마음이 내게까지 전달되었는지 지금도 가슴이 무겁다.

예수님도 맹세하지 말라고 하였다. 하늘로도 말고 땅으로도 말라고.

맹세를 지키기가 얼마나 힘든가, 지키지 못했을 때의 좌절이 얼마나 깊은가, 맹세할 때의 그 순일한 마음, 절절한 소원, 불붙는 다짐, 맹세하는 순간의 고독한 영혼, 거기서 파급되는 부작용을 걱정스러워하셨겠지. 그런데도 웬일인가.

나 지금 무엇인가를 맹세하고 싶은 마음이 되었다.

하늘을 향하여 땅을 향하여. 무작정 진실로 맹세하고 싶다.

눈과 얼음

아침에 커튼을 젖히고 베란다에 나갔더니 하얀 시야가 내 기를 꺾었다. 아파트 8층을 넘어 9층 높이까지 자란 메타세쿼이아 가지에 눈이 얹혔는데 그 무게로 가지가 찢어질 것 같았다.

이 낭패감. 나도 모르는 사이에 행운의 천사가 다녀갔다면 이런 느낌일까? 아니다, 이런 때 행운이라는 말은 어울리지 않을 뿐만 아니라 천박하게 들린다.

목을 빼고 기다리던 '어느 찰나'가 졸고 있는 사이에 지나가버린 것 같은 아쉬움과 미안함 그리고 부끄러움. 그러나 눈에 대한 놀라움과 반가움도 잠시, 나는 이내 길이 미끄러울 것을 걱정하고 빙판길에 운전할 일을 걱정하였다.

나만 그런 것이 아닌 것 같다. 아파트 주차장에 세워놓은 차들이 하나같이 움직이지 않는다.

그들도 나처럼 외출하지 않고, 아침부터 저녁까지 못 박은 듯이 자리를 지키고 있다.

지은 지 오래된 아파트라서 지하 주차장도 없다. 이대로 눈밭에 며칠씩 영하의 날씨를 견디다 보면 차가 얼어붙을 수도 있을 것이다. 공연히 오후에 나가서 시동을 걸고 5분 넘게 그대로 앉아 있었다.

나뭇가지에 쌓였던 눈이 더는 견딜 수 없는지 와르르 쏟아져 내리고 바람은 그것을 금세 흩어버린다.

인간도, 인간의 과학도 거세되어 버린 채 눈과 얼음과 바람 속에 온순한 아이가 되어 있다.

모처럼 되찾은 원시의 고요.

나는 오랜만에 평화로운 마음으로 이 크낙한 세상을 누리고 있다.

안개 속

수업 시간에 〈안개〉라는 제목의 수필을 감상하면서 '안개 속 같은 사람의 마음'에 대해서 생각했다.

어제까지 동지였고, '너 없으면 못 살아.' 수십 년 가까이 지냈지만 어느 날 느닷없이 뒤통수를 치는, 십 년 가까이 열렬히 연애하다가 결혼을 했는데 성격 차이로 5년 만에 이혼을 하는, 알 수 없는, 십 리 오 리로 가득 찬 안개 속보다 더 불가해한 사람의 마음에 대하여. 그것을 배신이라고 가볍게 말해 버리기에는 쌓은 정이 너무 무겁고 끈적거리는 사람의 관계에 대하여 우리들은 오래오래 토론을 하였다.

토론을 한다고 무슨 해결책이 나오지는 않는다. 그저 '사람의 마음을 알 수 없다'는, '가장 아름다운 것도 사람이지만 가장 무서운 것도 사람'이라는 말로 끝을 맺을 수밖에 없었다.

옛날에는 증서를 남기거나 영수증을 쓰지 않아도 별 탈이 없었다. 증인을 세우지 않아도 서로가 서로를 믿었다. 하늘에 뜬 별을 두고 맹세하고 달을 두고 약속하였다.

그러나 오늘날은 공증을 하고 공탁을 걸어놓고, 각서를 써도 '내가 언제 그랬느냐'고, '나는 전혀 모르는 일'이라고 딱 잡아떼면 끝이다.

사람 사이의 믿음이 완전히 사라진 것일까? 아직은 '그렇다, 사라졌다'라고 말하고 싶지 않다.

'믿을 수 없는 사람도 가끔 있지만 대부분은 믿을 수 있다'고 말하련다.

사실이 그렇기도 하지만 내가 우선 그렇게 말을 해야 지금 숨을 올바로 쉴 수가 있을 것 같아서다.

은행 열매

아파트 주차 공간이 모자란다. 여름에는 운이 좋은 날에나 나무 그늘에 차를 세울 수 있었다. 그런데 가을로 접어들면서 더러 비어 있는 그늘이 생긴다. 나무는 모두 은행나무인데 요즘은 바람이 전혀 불지 않아도 '우수수, 우수수' 제풀에 떨어진다.

참 굉장하다.

그 나뭇잎들이 차 위에 떨어지고 촉촉히 비까지 내리면 차가 온통 황금빛이 된다. 시동을 걸고 차를 움직이기 전 그 나뭇잎들을 쓸어버려야 하는데 그렇게 하고 싶지 않을 만큼 색깔이 맑고 예쁘다.

아파트뿐만 아니라 온 동네가 은행나무다. 전철역까지 가는 길에도 은행나무고, 산책길 양 옆에도 은행나무가 도열해 있다. 은행이 한창 익었을 때는 아침 산책을 하러 갈 때 아예 비닐 봉지를 하나 준비해서 돌아오는 길에 떨어진 은행을 줍는다.

은행 열매를 생으로 만지면 알러지 반응이 생길 수 있다고 사람들이 모두 조심을 하는 눈치다.

구운 은행 알의 속껍질에 가려진 그 맑은 연두색.

"은행색 저고리에 맨드라미색 치마 해줘요. 저고리에 금박이 반호장 달아서요."

추석이 가까워지면 내가 상상하던 그림을 어머니께 주문했었다.

나는 그 연두색 은행 알을 까서 열 알쯤 아침에 우유랑 곁들여서 먹는다. 그러나

"은행에는 독이 있어요. 한약에서도 많이 쓰지 않습니다."

한의사에게 그 말을 들은 후부터 애 아빠는 은행을 멀리 한다. 은행을 굽고 있는 나를 바라볼 때의 그 찜찜한 시선.

'은행 먹지 마시고 오래오래 사세요.' 나는 속으로 말하고 그 은행을 차지해 버린다.

독을 먹고 있나? 가끔 생각하지 않는 것은 아니지만, 그 빛깔과 촉감이 주는 쾌락이 독을 능히 이기고도 남을 것 같다.

새벽에 눈을 뜨고

엊저녁에는 열 시 반쯤 잠자리에 들었다. 너무 일찍 하루를 마감하려고 했던 것일까.

새벽 두 시에 눈이 떠졌는데 계속 잠이 오지 않는다. 오래 누워 있다고 무조건 오래 잘 수는 없는 모양이다. 잠도 절대량이 있어서 더도 덜도 되지 않는 것인지.

사춘기에는 사흘이고 나흘이고 깨지도 먹지도 않고 계속 잠만 잤으면 했었는데. 잠이 쏟아지는 나이가 좋은 나이인가 보다. 어머니가 계신 방에서는 아직도 TV 소리가 크게 들린다.

초저녁부터 계속 주무시지 못하는 걸까? 캄캄한 어둠이 무덤 같아서 눈을 감고 싶지 않으신 걸까? 어머니는 주무실 때도 방문을 활짝 열어놓으신다. 답답하신가 보다.

옛날 어른들의 말씀.

'죽으면 썩어질 몸.'

결국 나는 '죽으면 썩어질 하찮은 몸'을 침대에서 일으키기로 하였다. 하루쯤 잠을 못 잔다고 큰일 나는 것은 아니니까. 또 아주 잠을 못 잔 것도 아니니까. 나는 속으로 계산하였다.

내일도 약속이 있는데 이대로 날을 밝혀도 괜찮을까? 공연히 일찍 깨어 하루의 질서를 엉망으로 만드는 것은 아닐까? 그러면서 다시 생각하였다.

감정이 이끄는 대로 이끌리면서 때로는 변칙을 저질러야 기발한 창조도 나오는 것이라고. 너무 정신을 바짝 차리고 살면 깎은 듯이 정연하겠지만 멋은 없을 것이라고. 좀 몽롱해 보는 것도 필요하다고.

아직도 망설인다. 이대로 날을 샐까, 아니면 다시 누울까.

3부

흑싸리 껍데기

용을 쓴다

나는 물을 무서워한다.

십수 년 전에 수영을 배웠다. 수영강습반에 등록하고 일주일 세 번, 강습이 있는 날만 겨우 나갔다. 그것도 퇴근 후 시간이라서 다른 약속이 있으면 빼먹기 일쑤였다. 결국은 남들처럼 잘하지도 못하고, 물에 대한 무서움증도 가시지 않아 중도에 작파하고 말았다.

요새 무슨 운동이라도 시작해야겠기에 동네에 새로 생긴 수영장에 다시 등록을 하였다.

'기초부터 다시 시작해야 해. 호흡법이 나쁘든지 기본 동작이 틀렸든지, 어디엔가 문제가 있을 거야. 교정을 해야지.'

내 속으로는 독한 마음을 먹고 새벽 6시 기초반에 나간 지가 오늘로 한 달이다.

아무것도 모르는 사람처럼 뜨는 연습부터 시작해서 자유형 배영을 배운다.

그런데 강사가 자꾸 잘한다고 나를 칭찬해서 괴롭다.

시범을 해보이라고도 하고 어디서 배우다 온 건 아니냐고 묻기도 한다.

'뜨는 것만 배웠어요.' 전에 강습을 받은 일이 있다는 말은 쏙 뺐다. 전에 배웠다는 걸 알면 배웠는데도 그 모양이냐고 나를 우습게 여길까 봐.

두어 달만 지나면 모두 나를 추월할 것이다. 수강생들은 모두 씩씩한 청년층이다. 그리고 가장 큰 적은 내 속에 잠재하고 있는 물에 대한 공포감이다.

목숨이 중하긴 한가 보다. 나는 요새 수영을 배우고 있는 게 아니라, 물에 빠져 죽지 않으려고 용을 쓰고 있는 중이다.

유랑

동네 큰길가에 도자기가 여러 날 진열되어 있다.

플라스틱 걸상에 한 개 혹은 두 개씩 얹어서 인도에 죽 늘어놓았다.

시내로 나갈 때나 출근할 때는 한적한 뒷길로 지나다니기 때문에 언제부터 거기 있었는지 잘 모르겠다.

며칠 전 새벽에 수영장에 가면서 교통신호에 막혀 잠시 멈췄을 때, 거기 도자기들이 도열해 있는 걸 처음 보았다.

전등이 대낮처럼 밝게 켜져 있고 그 아래 펼쳐놓은 그릇들은 어림잡아 백 개는 넘을 것 같았다. 곁에 승합차가 서 있고 승합차 옆에는 쓰레기 봉투도 있었다. 주인은 승합차 안에서 자고 먹고 생활하면서 장사를 하는 모양이었다.

그 뒤로는 수영장에 갈 때마다 유심히 보곤 하였다.

문득 옛날에 보았던 〈길〉이라는 영화를 생각하면서.

이 마을에서 저 마을로 유랑하는 삐에로 잠파노. 잠파노를 따라 다니던 못나고 어리석고 순진한 소녀 젤소미나.

그런데 오늘 아침에는 도자기도 승합차도 보이지 않았다.

보름이 넘게 거기 있다가 없어지니 문득 허전하였다.

다시 다른 동네로 가서 여기서처럼 그렇게 진열해 놓을 것이다.

우리 동네에서는 좀 팔았을까?

나는 한 개도 사주지 않았으면서 어느 누가 사주었기를 바라는 것인가. 생각만 하는 사람 따로 있고 행동하는 사람은 따로 있는가?

누가 나를 기억하랴

그는 계속 그 말만 하였다. 처음에는 진지하게 경청하였지만 나중에는 모두들 흥미를 잃었다.

혹시 나도 저렇게 맛도 멋도 없는 화제를 끌고 간 적은 없었는지 그는 나를 반성하게 하였다.

말하자면 저희 남편의 상관과 상관의 아내에 대한 미담이었다. 그는 20년 이상 그 상관 내외와 가까이 지냈다고 하였다.

어디 한 군데 중독이 되어서 그것이 종교처럼 되어 버린 모습. 섬기고 따르고 순종하다가 아주 자기 세계로 굳어져 버린 상태. 그는 그런 것 같았다.

다른 얘기에 한창 열중하다가 그가 말머리를 돌리는 기색이 보이면, '또 그 상관 부부의 얘기에 연결시키는 것은 아닌가' 긴장이 될 지경이었다. 헤어져 돌아오는 길에 모두들 한마디씩 하였다.

"상관이면 저희 상관이지 우리와 무슨 관련이 있다는 거야. 그러니 도대체 어쨌다는 거야."

그러나 시간이 지날수록 그게 아닌 것 같다. 그건 우리들 중 어느 누구와도 관련이 있는 이야기다.

상관으로 20년이나 가까이 모셨다면, 가까이 모셨기 때문에 결함을 발견하기도 쉬웠을 것이다. 싫증이 나고 지겨울 수도 있었을 것이다. 밉고 원망스러운 일도 있었을 것이다. 더구나 그 상관은 이미 옷을 벗고 물러났다고 하니, 더 이상 아부할 일도 없고 존중할 필요도 없어졌다고 생각할 수 있을 것이다.

그러나 그는 조건 없이 아름다운 기억을 풀어내고 싶어 하였다.

아름답게 보관되어 있는 기억은 어느 누구에게나 가치가 있다.

누가 나를 저렇게 기억할 것인가.

장단을 치는 사람

시 낭독을 할 때, 배경음악을 극구 사양하는 사람이 있다.

음악의 보조 없이 그냥 자기 음성으로 자기 리듬에 맞춰 낭송하겠다는 것이다.

나도 그의 취향에 동의한다.

음악이 시를 도와주기는 하지만 정도가 지나칠 때, 시를 억누를 수도 있다.

음악은 문학보다 적극적이고 음악은 문학보다 직접적이다. 그리고 매력적인 점에 있어서도 음악이 문학을 앞선다.

음악의 정서가 시의 정서를 압도하고, 음악적 분위기와 음악적 감성이 시 감상을 엉뚱하게 인도할 수 있다는 것이다.

시낭송을 할 때 음악을 곁들이면 시는 젖혀두고 음악에 빠지는 사람이 있을 것이다.

요즘은 노래방에 길들여진 사람들이 많은데, 그 사람들은 반주가 없으면 흥을 잃는다.

그리고 그 반주는 음악을 위한 반주라기보다 신명을 위한 반주라고 해야 맞다. 리듬은 단순한 박자와 다르다.

같은 4분의 3박자라도 사람마다 달리 부를 수 있으며 노래마다 달리 부를 수 있는데, 그 달리 불려지게 하는 요체가 리듬이다.

사람마다 호흡의 길이가 다르고, 노래마다 그 전하는 의미가 다르다.

다른 사람이 노래를 부를 때마다 젓가락으로 장단을 치는 사람은 대부분 그 사람됨이 무던해서 호인이라는 평을 듣는다.

그러나 그 장단이 자신의 흥을 돋울 수 있을는지는 몰라도 가창자의 기분을 고려하지 못하는 경우가 태반이다. 그는 사람이 좋기 때문에 그런 것을 꼼꼼하게 따지지도 않고 생각하지도 않는다.

절과 중

'절이 싫으면 중이 떠나면 된다.'

맞는 말이다. 절이 싫다고 절을 허물어 버릴 수도 없고, 다른 장소로 옮길 수도 없을 테니까. 가장 좋은 방법은 중이 그 절을 떠나는 일이다. 그렇게 하면 아무런 잡음 없이 조용해질 것이다.

일전에 나는 어떤 절을 떠나려고 마음 먹고 가까운 사람에게 심경을 토로한 일이 있다.

그랬더니 내 의중을 다 알면서도 그 사람은 차라리 절을 없앨 일이지 왜 당신이 떠나느냐고 나를 나무랐다. 세상에는 중이 떠나지 않고 절을 없애려는 일들이 적지 않다.

그건 말도 안 된다고 했다. 돌아보니 나는 언제나 그런 식으로 절을 떠났었다. 잘한 일이다.

중이야 어차피 동가숙 서가식 탁발이나 하면서 유랑하는 처지가 아니던가. 그저 유랑하는 것처럼 생로병사의 법을 새김질하는 사람 아니던가.

조용히, 아주 유유하게 떠날 일이다. 분란을 일으키지 말고 뒤떠들 것 없이 구름이나 쳐다보면서 평화롭게 떠날 일이다. 나는 지금 또 하나의 절을 떠나려고 한다. 흘러가는 구름처럼 마음이 아주 편안하고 자유롭다.

흑싸리 껍데기

하나가 말했다.

"나를 흑싸리 껍데기로 아냐?"

상대방은 대답을 하지 않고 피식 웃었다.

나도 따라서 웃었다.

시시한 것을 '흑싸리 껍데기'에 비유하는 것이 그럴싸해서 웃었던 것이다.

나는 고스톱이나 기타 어려운 화투는 잘 모르지만 넉 장씩 열두 달 마흔여덟 장의 그림을 맞출 줄은 안다. 그림을 맞출 줄 알기 때문에 민화투나 육백 정도라면 나도 자신이 있다.

열두 달을 식물과 동물 곤충의 그림으로 나타낸 화투의 그림들은 서양의 트럼프보다 화려하다. 나는 그 열두 달 마흔여덟 장 중에서 2월의 매화와 3월의 사꾸라 — 보통 때는 벚꽃이라고 부르지만 화투패에서는 사꾸라라고 해야 실감이 난다 — 가 제일 좋다.

그들은 2월과 3월을 배경으로 하는 꽃으로 그 빛깔이나 생김새가 화사하고 예쁘다.

그러나 제일 싫은 것은 흑싸리 껍데기와 오동 껍데기다.

그것들은 색깔이 우중충하고 별로 쓸모도 없으므로(?) 반갑지가 않다. 나도 혹시 어느 곳에서 흑싸리 껍데기 같은 존재가 되는 때는 없을까? 2월 매화나 3월 사꾸라처럼 화창하게 분위기를 앙양하는 존재가 되는 일, 그게 쉬운 일은 아닐 것이다.

이다음, 이다음에

근처까지 가긴 했지만 사람들에게 연락은 하지 않고 돌아왔다. 연락을 하는 일이야 그까짓 것 아주 쉽다. 그러나 연락을 받은 사람은 번잡할 것이다.

갑자기 연락을 받으면 지속되던 생활의 관성이 깨질 것이다.

그는 용수철에 놀란 듯 만날 약속을 하겠지. 그 약속을 지키기 위하여 이미 자리 잡고 있던 다른 일을 없애거나 뒤로 미뤄야 하겠지. 우리는 장소를 물색하고 시간에 대어 그 장소에 당도해야 한다.

그는 나에 대한 예의에 상응하는 스카프를 골라 두를 것이다. 혹은 넥타이를 매고 나올 것이다.

구두를 신고 전철을 타고 수많은 층계를 오르내려야 할 것이다. 혹은 손수 운전을 하면서 줄줄이 늘어선 다른 차를 앞질러야 할 것이다.

"그게 사는 재미 아니겠어요?"라고 말할 것이다. 그러나 미안하다. 나는 곧잘 "이다음에 연락할게."라고 말한다. "다음에 만나지." 라고 아주 쉽게 미룬다.

그러나 '다음'이 나를 위해 언제라도 기다리고 있는 것은 아니다. '이다음'이란 얼마나 애매하고 믿을 수 없는 시간인가.

지금 바로 이 시간이 옛날부터 읊조리던 '이다음'인 것을.

나는 늘 '지금'을 외면하고 '다음'을 약속하면서 우렁이 고동처럼 움츠리고 있다.

남에게 지나치게 폐를 끼치지 않으려고 앞뒤를 재고 계산하는 것도 또한 이기적인 발상이다. 너는 너대로 나는 나대로 살겠다는, 폐도 끼치지 않았듯 덕 또한 베풀지 않겠다는, 홀로 돌아앉아 마음 편하게 살겠다는 계산. 그러나 돌아앉으면 정말 마음이 편할까.

'다음에'라고 미루지 말기, '바로 지금'이라고 말하기, 그의 호의를 고맙게 받아들이고 그러다가 때로는 무례를 저지를지라도 화통하게 개방한 도량의 광장에 시원한 바람을 내통하게 해야 한다.

사랑이죠

저녁식사 준비를 하고 있는데, 초인종이 울렸다.

남편이 나가더니 무얼 받아들고 들어왔다.

"M씨가 보낸 소포야. 고춧가루라고 적혀 있네."

그는 다소 놀란 어조로 말했다.

"어머, 어떡하지!!"

나는 대뜸 그렇게 대꾸하였다. 가슴이 이상했다.

이렇게 가슴이 이상한 현상을 '가슴이 뭉클했다.'라든지, '가슴이 철렁했다.'라고 할 것이다. 혹은 흔한 표현으로 '깜짝 놀랐다.'거나 '당황했다.'고 해도 될까?

그러나 위의 어느 항목에도 해당되지 않는 이상하게 싸아한 가슴.

나는 일부러 천천히 늑장을 부리면서 소포를 풀었다. 그리고 한 글자 한 글자 눌러쓴 그의 필적을 읽었다. 나는 소포를 풀면서 M과의 유별난 관계를 생각하였다.

나와 관련된 사람들은 대개 동료와 제자, 문학친구들이다.

그러나 M은 위의 관계 중 어느 것에도 소속되지 않는다.

내가 어느 날 문득 그의 이름을 발견하고 그에게 다가갔다. 광활한 우주 공간에서 번개를 겨냥하듯이 그의 눈빛을 상상하면서.

그를 처음 만난 날 내가 느낀 것은 그의 깊이였다.

그는 조용히 가라앉은 우물물 같았다. 나는 이미 그에게 허술하고 부실한 내면을 많이 들켰을 것이다.

유난히 새빨간 고춧가루, 참깨, 참기름과 식초, 그리고 과수원에서 금방 따 담은 것처럼 포장이 되어 있는 배 두 개가 나왔다.

포장을 뜯기가 아까웠다.

"꼭 친정어머니가 딸에게 보낸 물건 같네."

남편이 말했다.

"사랑이죠. 이것을 표현할 말은 그 말밖에 없어요."

그는 내 말에 동의하는 듯이 웃었다. 남편은 오늘 나를 존경할 것이다. 아니면 최소한 이런 사랑을 받고 있는 나를 부러워할 것이다.

상을 타는 사람

어떤 문학단체의 대표와 우연히 점심을 같이 먹게 되었다.

이런 저런 이야기를 하다가 별 희한한 말을 다 들었다.

"시인 P씨가 문학상을 타고 싶다고 엊그제 사무실에 들렀더군요. 장부를 펼쳐 보았더니 회원도 아닌데 그래요. 자격미달이라고 하니까 아주 불편한 얼굴을 하더라구요."

"소설가 B씨도 귀찮을 정도로 자꾸 전화를 합니다. 이번에는 자기가 상을 타야겠다고 하는데 그게 어디 제 마음대로 됩니까? 일단 소설분과 위원장의 추천을 받아야 한다고 했죠. 그랬더니 분과 위원장이 누구냐고 물어요. K씨거든요. K씨, 지까짓 게 무언데 분과 위원장이냐고 신경질적으로 항의하는 거예요."

'상'을 달라고 하다니, 이건 틀린 말이다.

'축하합니다. 이번 ○○문학상 수상자로 결정이 되셨습니다.' 상은 이렇게 어느 날 아침 혹은 저녁, 맑은 전화벨 소리가 울린 후 뜻하지 않았던 축복처럼 내 앞에 당도해야 한다.

준다고 하여도 스스로 부족하다 싶어 한사코 사양해도 줄 사람이 자꾸 주겠다고 해야 한다. 한편으로는 기쁘고 한편으로는 마음 무겁고, 또 한편으로는 다른 이들에게 미안해야 한다.

줄 사람은 생각지도 않는데 제 편에서 달라고 조른다면 그것은 상을 받는 것이 아니라 구걸하는 것이다.

"이 선생님도 생각이 있으시면 미리 말씀하셔야 해요."

그는 진담인지 농담인지 모를 말을 했다. 농담이라도 어이가 없었다.

이건 도대체 언제부터 생겨난 어느 나라 풍습인지 모르겠다.

요즘 영화

친구 내외와 만나서 저녁을 먹었는데 느닷없이 영화를 보자고 하였다. 이미 식사하고 담화하는 데 시간을 많이 보내서 영화는 심야프로밖에 없었다.

오랜동안 규칙적인 시간표에 얽매여 살아왔고, 무얼 결정할 때도 기분 내키는 대로 해본 적이 없기 때문에 토요일 밤 심야프로를 본다는 것이 우리에겐 탈선이나 다름없었다. 그러나 친구 부부는 전혀 심야라는 것에 대하여 거부감을 갖지 않았다. 모험을 하는 셈 치고 동의했다.

요즘 영화관은 거대한 건물로 지어져서 1관부터 10관까지 상영하는 영화 제목이 다르다.

우리는 요리조리 궁리하다가 요즘 신문에 자주 논의가 되고 있는 미국영화를 선택하였다.

생각했던 것과는 달리 관객이 없어서 영화관은 텅 텅 비다시피 하였다. 새벽 두 시 가까이 되어서야 끝이 났는데 한마디로 내용은 실망 그 자체였다.

주제는 시오니즘Zionism, 이라고 해야 할까? 그러나 진행 과정에 너무나 복잡하고 불필요한 방법들을 끌어들여서 전체의 구성을 지리멸렬하게 하였다. 굉음과 소음이 온몸을 흔들고 심장을 쿵쾅거리게 했다. 기계와 컴퓨터 과학과, 전쟁과 살인과 무의식과 의식세계의 복잡한 혼선, 평화를 추구하는 세력과 부정하는 세력의 갈등과 분규 등을 표현한 모양인데 전체적으로 산만하였다.

'이런 세상, 이런 영화도 있구나.' 하는 걸 일깨워줬다는 데에 의미가 있다면 있을까.

옛날 영화를 보고 싶다. 스피드는 없더라도 낭만이 있고 아름다운 휴머니즘이 있는 영화, 사랑과 우정이 있고 눈물이 있는, 깊어가는 가을 밤 거리를 헤매게 하는 그런 영화, 그러나 막상 그런 영화를 다시 본다면 혹시 답답하게 생각될는지도 모른다. 알게 모르게 나도 변해서 요즘 사람이 되어 있을 것이다.

오래된 것에 대한 사랑

전화기는 이름 그대로 전화를 거는 기계다.

누구에겐가 긴요한 말을 전할 수 있고 내게 오는 연락을 신속하게 받을 수 있다면 전화기는 역할을 다한 것이다. 더구나 전화번호를 수백 개씩 저장할 수 있고 그동안 걸려온 전화의 목록도 나오는 전화. 음악도 그룹별로 다르게, 캐릭터까지도 구분하여 올릴 수 있다면 좋은 전화기가 아니겠는가.

사실 요즘 전화기는 전화기가 아니라, 사진기이며 텔레비전이며 컴퓨터다. 그러나 이것으로 끝이 아니고 날이 갈수록 더 발전할 것이다.

부모들은 한 달에 이삼십만 원이 넘는 자식들의 그렇고 그런 전화료 때문에 골치를 앓는데, 자식들은 새로운 모델이 나왔다 하면 그걸 손에 넣으려고 안달을 한다.

어제 어떤 학생이 슬쩍 내 전화기를 훑어보더니, "어머! 이건 언제 때 것인가요? 구닥다리……." 말을 더 이으려다가 흠찔하면서 "구식이네요." 하였다.

나는 전혀 불편을 느끼지 않는다. 3년쯤 되었을까.

3년 된 것을 구식이라고 한다면, 전화기를 무슨 패션으로 지닌다는 말인가?

오래된 것에 대한 사랑, 오래된 것을 버리지 않았다는 자부심, 그 항구성에 대한 고마움과 긍지, 이런 것들을 설명하기에는 그와 나의 거리가 너무 멀어 보였다. 벨 소리가 너무 작아서 서비스센터에 갔더니,

"오래된 것이라 그렇습니다."

힘도 들이지 않고 말했다. 그들은 새로운 물품에 대한 구매욕을 부추기는 데 심혈을 기울일 뿐 오래된 고객을 대접할 줄 몰랐다.

오래된 것, 거기에는 역사가 있다. 오래된 것을 소중히 여기지 않는 한 새로운 것은 아무런 의미를 가질 수 없을 것이다.

뿌리와 곁가지

출근하였더니 책상에 유자 두 개가 놓여 있다. 유자의 노란 빛깔이 아주 맑다. 정희가 갖다 놓았을 것이다. 정희는 지난달 수술을 받았다.

석 달 전인가 넉 달 전인가 몸이 이상해서 병원에 갔더니 난소에 큰 혹이 생겼다면서 빨리 수술 날짜를 잡자고 하더란다. 정희는 그 말을 하면서 울먹였다.

악성은 아닐 것이라고 마음 단단히 먹으라고, 설령 악성이라서 난소를 제거한다 해도 죽는 것은 아니라고, 나는 그 방면에 지식이 있는 사람처럼 제법 자신있게 말했다.

그러나 자신있게 말한다고 악성이 양성으로 변하는 것도 아니고, 또 만일 악성이라면 도대체 어느 정도나 퍼져 있는지 속으론 여간 걱정스러운 게 아니었다.

정희는 그 후 친척의 권유로 다른 병원에 가서 재차 진찰을 받았는데, 자궁 선근종이라는 새로운 병명이 나오고 2회에 거쳐 제거수술을 받았다.

그런데 이상한 것은 수술을 받은 후, 처음에 염려했던 난소의 종양은 온데간데 없이 사라져버렸다는 것이다.

처음의 진단만 믿고 종양만 없애려고 했다면 어찌되었을까? 세상의 일에는 근본적인 원인이 있고 거기서 파급된 증상이 있을 것이다. 근본은 건드리지도 않고 곁가지만 잘라낸다면 아무 소용이 없겠지.

울고 있는 이유가 따로 있는데 흐르는 눈물만 닦아준다고 울음을 그치겠는가?

사랑의 방법

갑순이가 저녁을 같이 먹자고 하였다. 일요일 저녁이고 특별한 일도 없어서 그러자고 하였다. 갑순이는 문득 을순이와 병순이도 부르고 싶은지, 내 옆에서 바로 다이얼을 돌렸다.

"을순아, 나야. 맛있는 저녁을 사줄 테니 〈갯마을〉로 나와라. 이향아 교수님도 나오시라고 연락할까?"

갑순이는 나를 이미 불러놓고도 짐짓 을순이 속을 떠보는 것이었다.

을순이가 대답하는 소리가 전선을 타고 또렷하게 들렸다.

"얘! 갑순아. 바쁘신 분 나오시라고 하면 어떡하니? 더구나 주말 저녁에. 너는 왜 그렇게 생각이 없냐?"

을순이는 나를 생각하는 마음으로 갑순이더러 무례하게 굴지 말라고 타이르는 것이었다.

사람을 사랑하는 방법에는 여러 가지 형태가 있구나, 생각했다. 어렵다고 가까이 다가가지 않고 멀리서 조심만 하는 사람이 있고, 그야말로 버릇없이 실수를 남발하면서 허둥지둥 다가오는 사람도 있다.

버릇은 좀 없더라도 쉽게 다가오는 사람이 나는 좋다. 나를 어려워하는 사람에게는 내가 더 어려워진다. 어린애처럼, 철딱서니가 없는 것처럼 조금은 무례할 정도로 덤비는 사람이 더 귀엽고 정이 간다. 그리고 마음도 편하다.

나는 별로 바쁘지 않은데 다들 바쁜 줄 안다. 바쁜 줄 알고 나를 빼고 저희들끼리만 만날까 봐 겁난다.

혈압과 눈물

혈압과 정서는 매우 밀접하다는 것을 오늘 아침 확인하였다.

오전 열 시경 우리 집 애들 얘기를 하고 있을 때였다. 얘기를 하다가 생각지도 않게 눈물이 났다. 내 속으로는 꽤나 감동적인 이야기였을까.

그러나 말하는 나만 울고 듣는 그는 아무렇지 않은 듯 멀뚱멀뚱한 표정이었다. 하기야 걸핏하면 눈물을 글썽이는 남자의 모습도 그리 보기 좋지는 않다. 그러나 나 혼자 쇼를 하는 것 같아서 쑥스러웠다.

'남자들은 원래 독하게 태어났나 봐.'

속으로 중얼거리면서 공연히 책상 위의 물건을 이리 옮겼다 저리 옮겼다 했다. 그러다가 평소에는 잘 쓰지도 않던 간이혈압계를 꺼내어 혈압을 재어보았다. 어색함을 감추려는 몸짓이었다.

163이었다. 보통 때는 높아도 130을 조금 넘더니 엄청나게 높은 수치다.

"정서가 불안정하니까 혈압이 높네."

나는 놀라지 않고 혼자 중얼거렸다.

보통 큰소리로 성을 내면서 핏대를 올릴 때 혈압이 오른다고 생각하지만, 무언가에 감동되었을 때, 슬플 때, 너무 기쁠 때, 감격스러워 가슴이 벅찰 때도 혈압이 올라갈 것이다.

웃음도 눈물도 에너지가 많이 소모된다. 희로애락의 모든 감정이 혈압을 좌우할 테니까.

혈압기에는 이렇게 씌어 있었다.

'일정한 시간, 안정된 상태, 안정된 자세에서 측정하십시오.'

안정이라는 것은 육체의 정지 상태만이 아니라 감정의 정지 상태까지 포함할 것이다.

좋은 사람과 나쁜 사람

세상에는 여러 종류의 사람들이 있다.

그 여러 사람 모두에게 칭찬을 듣는다는 것은 어려운 일이다.

공자에게 그의 제자들이 물었다.

"우리 마을 사람들은 백이면 백 모두 '갑'이라는 사람을 싫어합니다. 그렇다면 '갑'은 나쁜 사람이겠지요?"

"그렇다. 그런 사람은 좋은 사람이 아닐 것이다."

"그러면 선생님, 우리 마을의 '을'이라는 사람은 백이면 백 모두가 좋아합니다. 그 사람은 정말 좋은 사람이겠지요?"

"아니다, 그 사람 역시 좋은 사람은 아니다."

"그러면 어떤 사람이 좋은 사람입니까?"

"의로운 사람들은 존경하고 따르지만, 의롭지 못한 사람들은 싫어하는 사람, 그 사람이 좋은 사람이다."

세상에 있는 모든 사람들로부터 칭송과 존경을 받으려고 애쓸 필요는 없다. 아니, 사람들의 평판에 너무 귀 기울일 것은 아니다. 거기에 귀를 기울인다 하여도 내 본성이 쉽게 바뀌는 것도 아닐 것이다. 사람들은 제 욕심에 따라서 누구를 따르기도 하고 밀어내기도 한다.

과욕을 부리지 않고 평화로운 마음으로.

억지를 부리지 않는 순리의 태도로.

양심에 어긋나지 않는 반듯한 발걸음으로.

유유히 초조해 하지 말고 살아가면 될까.

잘 사는 일이 쉽지 않다.

수명이 다할 때까지

아이들이 돈을 모아 새 차를 사주겠다고 한다.

정년퇴임 기념이란다. 그래서 두 사람의 차 중 하나는 처분해야 하는데 내 차가 오래되었으니 당연히 그렇게 해야 할 것이다.

자동차 판매 중개업자가 차를 보러 와서, 출고 연도가 언젠가를 물었다. 그리고 앞 뚜껑을 열라고 하더니 내부를 꼼꼼히 살펴보았다.

"아주 깨끗하게 쓰셨군요."

"네, 아까워요."

그는 내 자동차의 품종이 이미 단종이 되어서 값이 많이 나가지 않을 것이지만 깨끗하게 탔으니 임자만 잘 만나면 값을 제대로 받겠다고 했다.

나는 그런 말을 자동차 바로 앞에서 하는 것이 마음에 걸렸다.

지금 우리가 무얼 말하고 있는지 자동차가 빤히 보고 들을 터인데도 그는 아무 생각 없이 큰소리로 말했다.

나는 그를 보낸 후에 차 문을 열고 안으로 들어가서 조그맣게 말했다.

“미안하다. 나를 싣고 12년이나 충실하게 달린 너. 너를 팔지 않았으면 좋겠는데 어쩌면 좋으냐?”

나는 저녁에 퇴근한 그에게 말했다.

“내 차의 수명이 다할 때까지 계속 타고 싶어요. 더 새것이지만 당신 차를 처분하면 좋겠어요.”

차를 그대로 탄다고 결정하고 나니까, 내 마음이 아주 편하다. 며칠 동안 억눌렸던 가슴이 쫙 펴지는 것 같다.

그러나 머지않아 시력이 더 나빠지고 운동신경도 둔해질 것이다. 내 차를 처분하기 전 내 스스로 운전을 그만 두게 될 것이다.

빈 뿌리

아침에 베란다 화분을 정리하다가 난분 하나를 깼다.

난분은 안정감 없이 뒤뚱거려서 걸핏하면 깨진다.

깨지는 소리가 요란하여서 그가 들었겠지, 듣고서 무엇이라고 한마디 싫은 소리를 하겠지, 싶었다. 그런데 그는 내다보지 않았다.

내가 궁금해서 방문을 열고 무얼 하고 있나 살펴보았더니 그는 열심히 컴퓨터의 자판을 두드리고 있었다.

베란다에 가득 찬 화분을 둘러보면서 우리는 이렇게 장담했었다.

"이사할 때, 화분을 과감히 처리하고 난초와 선인장만 가지고 가야겠어."

그러나 결국은 모두 끌고 오고야 말았다. 눈 번히 뜨고 살아 있는 것들을 버리기가 어려워서.

그런데 영하의 날씨가 계속되면서 시난고난 건강이 좋지 않던 것들이 많이 죽어버렸다.

잎이 말라가는 난초들을 들춰보았더니 대부분 뿌리가 스펀지처럼 비어 있었다. 죽었다는 것을 알면서도 버리지 않는 것은 살았다는 것을 알면서도 버리는 일보다 잔인한 일이 아닐까.

백에 하나 갱생할 것을 기대하는 마음이라고 하기에는 너무나도 희망이 없는 화분들, 오늘은 내 손으로 버리기로 하였다.

30년이 된 군자란은 이사하기 전에 분갈이를 했다. 뿌리를 4등분하여서 이 사람 저 사람 나눠주고 우리도 한 뿌리 가져왔다.

그는 잎사귀가 없는 상태에서 꽃대를 올리더니 지금 주홍빛 꽃을 불빛처럼 매달고 있다. 뿌리는 아주 건강하니까.

뿌리만 건강하면 아무 걱정이 없지만 지금 당장은 잎이 무성할지라도 뿌리가 비었으면 전체가 빈 것이나 다름없을 것이다.

오며가며 군자란을 들여다본다.

30년이나 내 곁에서 견뎠다고, 흉허물이 없다고, 내가 너무 소홀하게 대하고 있지는 않은지. 내 홀대에도 아랑곳없이 피어 있는 그, 그 앞에서 나는 갑자기 엄숙해진다.

그래도

몇 주 전에 전라남도 도청에서 강연의뢰를 해왔다.

홀로 된 여자 80명을 모아 놓고 이야기를 하는, 정확히 말하면 남편이 없이 혼자 아이를 기르는, 가난한 형편에서 어렵게 살아가는 여자들 앞에서 해야 하는 강의다.

나는 이런 강의가 부담스럽다.

내가 그들에게 무슨 얘기를 할 것이며, 그 얘기를 하여 그들은 내게서 무엇을 얻게 될 것인가 나는 그것이 의심스러운 것이다.

이 강의를 십여 년 전부터 해왔지만 해가 갈수록 더 어렵다는 생각이 든다.

십여 년 전에는 50~70대 여성들이 대부분이었는데 근래에 와서 점점 연령층이 낮아지더니, 이번에는 거의가 30~40대였고 20대도 여럿 끼여 있었다.

아직 결혼도 하지 않을 나이에 아이까지 딸린 채 홀로 되다니. 이별했거나 버림받았거나 별거를 하고 있다는 그들. 그리고 결혼도 하지 않은 채 아이만 낳아서 홀로 기르고 있다는 그들.

그러나 그들은 마치 MT를 온 대학생처럼 깔깔거렸다.

나는 삶의 의미, 목숨의 가치에 대해서 말하고 싶었는데 걸핏하면 눈물이 나오려고 하였다. 그들도 걸핏하면 핑계를 삼아 울려고 했다. 그러다가 어느 대목에서는 왁자하니 폭소를 터뜨리기도 하였다. 그들은 고맙게도 절망하지 않았으며 포기하거나 비관하지도 않았다.

나중에 나는 이렇게 말했다.

"그래도 이 세상을 살다 보면 감사할 일이 훨씬 많아요."

그들은 내 말에 고개를 깊이 끄덕여 주었다. 아마도 나는 이 강의를 앞으로도 계속하게 될 것 같다.

환상과 현장

청산도에 다녀왔다.

'청산도'라는 섬 이름에 취해서 가기 전부터 맘이 설렜다. 완도에서 50분쯤 배를 타고 가면, 섬 전체를 둘러보아도 한 시간 남짓밖에 걸리지 않는 작은 섬. 오랫동안 문명이 기웃거리지 않아서 깨끗한 섬이었다.

그런데 근래 영화 〈서편제〉를 촬영하고 요새 다시 TV 드라마 〈봄의 왈츠〉의 무대가 되면서 사람들 입에 자주 오르내리게 되었다.

섬에는 전혀 어울리지 않는 뾰족한 양옥이 산 중턱에 임시건물로 서 있었다. 소위 세트장이었다.

— 상업문화 —

매스미디어를 통화여 널리 광고가 되면 비로소 대중적 환호를 받아 과도한 관심을 사게 되는, 속물적 환금가치의 문화.

청산도는 아름다운 자연을 엄청나게 훼손당했을 것이다.

그 덕에 돈 냄새를 좀 맡기는 했을까? 유채밭도 보리밭도 인위적 자본처럼 불안정하고 을씨년스러웠다.

돌아와서 TV를 켜고 청산도를 배경으로 촬영했다는 그 드라마를 처음으로 보았다.

현장을 두 눈으로 보고 와서인지 화면은 분명 아름다운데도 전혀 감동이 되지 않았다. 나는 촬영기술에 속지 않으려는 듯 자꾸 현장의 실상을 떠올렸다.

더듬거리며

오래 연락을 못했던 사람을 뜻하지 않게 만나면 당황스럽다.

무척 그리웠던 사람인데도 어색하게 손을 내민다. 그리웠다는 말을 하고 싶어도 너무 가볍게 들릴 것 같아서 망설인다. 잘못하면 내 말이 과장으로 들릴 수 있을 것이어서.

그동안 우리 사이에 너무 긴 시간들이 흘러갔던 것이다. 우리는 그동안 왜 서로 연락을 못했을까? 이 단순하고 쉬운 물음 앞에서도 문득 할 말이 막힌다.

살다 보면 미련하게도, 그리고 어이없게도 중요한 일을 희생시키면서 중요하지 않은 일에 얽매일 때가 많다.

'어머, 어머 오랜만이야.'를 여러 번 반복하고, '그동안 조금도 변하지 않았다.'느니 '많이 변했다.'느니 그런 겉도는 말만 되풀이하기 쉽다. 그리고는 바뀐 전화번호들을 서로 받아 적고 자주 만날 것을 약속하고 헤어진다.

그 동안 우리 사이에는 서먹서먹함이 이물질처럼 끼어 있었던 것이다. 오래 소식을 전하지 않으면, 처음에는 미안하고 좀 지나면 어색하고 더 지나면 염치가 없어서 자꾸만 더 연락하기가 어려워진다.

그러다가 나중에는 '뭐, 내 잘못인가? 내가 연락 못하면 저라도 해야지.' 하는 요상한 마음이 들기도 한다.

날마다 만나는 사람은 날마다 만나기 때문에 할 말이 많다. 같이 느끼고 같이 욕하고 같이 흥분하게 하는 사소한 일들.

"생각해 봐, 그 자식이 갑자기 끼어들었을 때 내가 얼마나 당황했겠어. 순발력을 발휘하여 브레이크를 밟았으니 망정이지. 오히려 지가 더 큰소리를 치더라구. 나도 막 악을 쓰며 대들었지."

"잘했어. 일단 큰 소리부터 질러야 무시하지 않아."

오늘 아침 접촉사고가 났던 일부터 남편과 싸웠던 얘기, 애들 공부 못하는 얘기, 시시콜콜하고 구질구질한 일들이 우정을 더 끈끈하게 엮는다.

오래간만에 연락할 일이 있는데 친구에게 무슨 말을 먼저 꺼낼까? 마치 처음 말을 배우는 사람처럼 입속으로 더듬거리고 있다.

낮은 곳으로 흐르듯이

한 해가 저물 무렵이면 사람들은 곧잘 새해의 계획을 묻는다. 그럴 때마다 나는 욕망을 화려하게 부풀려서 자랑하듯 내놓았다. 계획은 계획일 뿐이고 실천은 실천대로 따로 분리되어 있기라도 한 것처럼. 그러나 부풀린 것은 부메랑처럼 돌아와서 큰 부담으로 나를 억눌렀다.

연말이나 연초에 새해의 포부를 발표하는 것도 중요하지만, 지난해를 반성하고 점검하는 일도 중요하지 않을까.

그런데도 저물어 가는 한 해를 계획대로 살았는지에 대해서는 별로 묻지 않는다. 이미 지나간 일이니 구태여 들출 필요가 없다고 생각하는 것인지. 정초에 계획한 대로 성취하는 것은 당연지사니 물어볼 필요조차 없다고 생각하는 것인지.

사라지는 시간의 그림자를 밟고 서서, 다가오는 시간을 영접하기가 조심스럽다.

나는 언제부턴가 새로운 친구를 사귀려고 하지 않는다. 오래된 친구를 섭섭하게 방기하면서 새로운 친구를 사귀는 것은 과욕이요 무책임이라고. 그리고 만용이라고 여기면서.

"요즘도 시를 쓰십니까?"

묻는 사람들이 가끔 있다. 그 사람들은 물론 문학권 밖의 친구들이지만, 그런 질문을 받을 때마다 나는 당황한다. 글을 씁네, 떠들어도 기껏하면 수삼 년, 길어도 십여 년 하다 말겠지 생각했을까?

문학은 젊은 날의 열정으로나 하는 거라고 생각하는 사람들에게 나는 외계인에 가까울는지도 모른다.

새해에도 여전히 그런 걸 묻는 사람들이 있을 것이다. 아무리 해가 자주 바뀌어도 이것 하나만은 확실하다.

나는 계속 글을 쓸 것이라는 것. 더는 억지 부리지 않고 낮은 곳으로 흐르듯이 살 것이라는 것.

푹 쉬다

섣달 그믐날부터 한 사흘 잠적하여 쉬다가 오늘 약속 때문에 돌아왔다.

시간에 늦지 않으려고 허둥지둥 서둘러 왔는데, 나와 시퍼렇게 약속했던 사람은 갑자기 일이 생겼다면서 날짜를 뒤로 미루자고 한다. 팽창했던 공에서 바람이 빠져나가듯이 내 몸의 기운이 확 빠져 나간다. 그러면 좀더 일찍 연락할 일이지.

푹 쉰다는 것이 생각처럼 좋은 것만은 아니다. 아무리 푹 쉬어도 사람이 살아 있는 한, 기본적으로 하지 않으면 안 되는 일이 있다.

숨을 쉬고 자고 먹고 배설하고 씻고 말하고 대답하고 생각하고 주변을 대강 치우는 일.

말이 좋아 쉰다고 하지, 전혀 쉬지 않은 기분이다.

돌아오는 길, 차창 밖으로 지나가는 투명한 겨울 산천이 아름다웠다. 감동적인 영화음악을 들으면서 나도 따라 흥얼거렸다.

충주, 괴산, 증평, 충청북도의 산길을 돌면서 깨끗한 하늘을 배경으로 늘어선 겨울나무들을 유심히 바라보았다.

나무는 여름철 울창했을 때 가장 수려한 것인 줄 알았는데 잎을 떨군 겨울나무가 얼마나 순수하고 솔직하고 겸허한지 처음 느꼈다.

집에는 밀린 일들이 잔뜩 기다리고 있었다.

메일은 수십 통이 쌓여 있고, 그 중에는 전혀 쓸데없는 것도 있지만 대답할 기간이 촉박한 중대한 사연도 있었다.

박자를 빠르게 잰걸음으로 처리해야 하겠다. 쉰다는 것은 잠시 막았다가 이렇게 한꺼번에 터지는 것인가?

새해가 되었다. 아직은 낯이 선 추상의 숫자. 그러나 끌어안으리라. 호락호락한 시간이 되도록 내 품에서 순치하리라.

그녀의 장미

오늘 순영 씨가 그림 하나를 표구해 가지고 왔다. 유화로 그린 장미꽃인데 4호 정도의 작은 그림이다. 화폭에 가득 큰 장미 한 송이가 피어 있는데 화려한 분홍이다.

순영 씨는,

"교수님 이미지에 맞추려고 하니까 수련보다는 장미를 그리게 되더군요." 하였다.

나는 좀 의아했다. 내가 장미의 이미지를 가졌다고? 의문부호가 크고 강하게 떠올랐다. 방 안의 사람들도 나와 똑같은 생각이었는지 순영 씨 말에 아무도 동의하지 않았다.

그러나 그들 중 어느 누구도 '교수님은 전혀 장미와는 어울리지 않아요. 이미지가 달라요.'라고 토를 달 수도 없었을 것이다.

순영 씨는 지금 대장암을 앓고 있다. 대부분의 암환자들은 항암

제를 맞을 때 녹초가 된다는데 순영 씨는 여덟 번째 항암주사를 맞았는데도 이렇다 할 고통이 없다니 정말 다행이다.

몇 달 전 그의 집을 방문했을 때 사방 벽에는 순영 씨의 그림이 붙어 있었다. 전공을 한 것도 아닌데 보통 솜씨가 아니었다. 내가 이 그림 저 그림 들여다보면서 감탄하였더니 내게 저 장미꽃 그림을 가져왔나 보다.

그는 자기가 대장암이라는 것을 알기 전보다 혈색이 더 좋고 체중도 많이 불어 있다.

사람들은 모두 자기가 갈망하는 것을 보게 되고 듣게 된다고 한다. 선물을 할 때도 자기가 가지고 싶은 것을 선물한다. 순영 씨는 요즘 세상의 도처에서 장미꽃을 보나 보다.

그렇게 만발한 정신의 아름다움으로 사물을 보니 세상이 모두 긍정적인 찬사로 넘칠 것이다. 내가 장미꽃의 이미지를 가졌다고 하는 것은 열정적으로 사물을 바라보기 시작한 순영 씨의 시각이다. 설령 내 이미지와는 거리가 있는 낯선 그림이라 할지라도 순영 씨의 화창하고 만개한 병후를 보는 것 같아서 기쁘다.

간사하다

사람 마음이 참 간사하다. 엊그제까지 덥다고 짜증을 부렸는데 바람 끝이 좀 서늘하니까 갑자기 쓸쓸해지는 이 느낌.

오늘이 처서라고 한다. 처서가 더위를 걷어갔는지, 오늘은 긴 팔 블라우스를 입어도 전혀 어색하지 않을 것 같다.

나는 찌는 삼복에도 따가운 햇볕을 가리려고 줄곧 긴 팔 블라우스를 애용했었다.

그런데 오늘 느닷없이 팔이 짧은 옷을 입고 더위를 즐기고 싶은 이 마음은 무엇인가.

남부지방에는 연일 억센 비가 퍼붓고 여기저기서 수해를 호소하고 있다.

우리 집에는 비 피해가 없느냐고 묻는 전화가 가끔 걸려온다. 괜찮다고 걱정하지 말라고 대답하면서도 이게 정말 옳은 대답인가 잠시 생각해 보곤 한다.

나만 괜찮으면 아무 걱정 없는 것인가?

다 익은 벼들이 수렁에 잠기고, 과수원들은 낙과의 피해가 이만저만이 아닌가 보다.

'주여, 이틀만 더 남국의 햇살을 주시어 과일에 마지막 단맛이 스며들게 하소서'라고 읊었던 라이나 마리아 릴케의 〈가을의 기도〉가 절실한 깊이로 가라앉는다.

버리지 못하는 버릇

눈이 녹고 있다. 영하 10도 전후가 될 것이라던 일기예보는 틀린 셈이다. 다행이다. 오랜만에 학교에 나왔더니 창틀에 얹어둔 화분이 거의 죽어가고 있다. 그래도 물을 많이 먹지 않는 식물이라서 이만큼이라도 생명이 연장되었을 것이다.

연구실을 비워두는 동안에도 그들이 견딜 수 있을 만한 실온으로 조절해 둔 것은 잘한 일이었다.

어지러운 책상 위를 대강 정돈하였다. 그동안 밀린 우편물들이 어수선하다. 주소가 틀려서 되돌아온 편지도 있고, 학회에서 보낸 원고 청탁서, 밀린 회비 납부하라는 통지서, 그리고는 모두 연하장들이다.

그밖에도 책상 위에는 쓸데없는 인쇄물들이 많다. 요즘은 인쇄물의 홍수시대다.

쓸데없는 것인 줄 알면서도 혹시 몰라서 보관하곤 했더니 책꽂이에는 수년 전의 문서도 있다.

깨끗하게 청소하는 방법에는 버리는 길이 최고라고 하던 후배 말이 생각난다. 물건도 버리고 기억도 버리고 사람도 버린 다음, 원초의 흰 바탕이 되는 것.

그러나 나는 잘 버리지 못한다. 미련을 갖는, 열에 하나의 희망을 물고 늘어지는 고달픈 버릇, 지독한 버릇. 오늘은 정말 쓸데없는 것으로 확인된 원고. 이미 책이 되어 나온 원고를 미련 없이 버렸다.

이런 내가 어찌 사람을 버릴 수 있겠는가?

버리는 것보다는 버림을 당하는 것이 훨씬 마음 편하다.

마른 차 한 주먹

문화원장 유복현 선생이 녹차를 우편으로 보내왔다.

작년에 《용아 박용철의 문학과 삶》의 집필자들이 광주에서 모인 일이 있다. 우리는 박용철 출생 100주년 행사에 대해 의논하고 영광군 불광사에서 하룻밤을 유했었다.

그때 불광사 주변 녹차밭에서 차 만드는 체험도 했는데 이번에 보낸 차도 거기서 손수 만든 것이라고, 편지까지 써서 동봉하였다.

"선물이란 바로 이런 것이야." 나는 혼자 중얼거렸다. 큰 손으로 쥐면 한 주먹이 될까말까한 적은 분량, 그러나 내가 직접 해봐서 알지만 이 한 주먹 분량의 녹차를 얻으려면 차의 어린 속잎을 한 소쿠리는 족히 따야 하리라.

찻잎을 따는 게 문제가 아니다. 그것을 무쇠솥에 넣고 덖어서 — 찻잎이 타지 않게 설설 열기로 수분을 제거하는 일을 덖는다고 하였다. — 덕석에 부비고 다시 덖고 또 부비고 하기를 아홉 번이나 한다. 그렇게 하다 보면 한 소쿠리의 찻잎이 한 주먹으로 졸아든다.

차 한 잔을 마시는 일은 보통 일이 아니라는 것을 우리는 거기서 알았다.

연한 찻잎을 따서 아홉 번씩 덖어서 찻잔에 동동 찻잎이 펼쳐지게 하는 그 과정은 일종의 제례와도 같다는 것. 그것은 엄숙하고 정결한 도행이라는 것을 나는 그날 처음 알았다.

나는 그렇게 정성으로 만든 녹차를 우려 탁자 위에 놓고 유선생님에게 전화를 하였다.

"아니, 사람을 이렇게 감동시켜도 되는 거예요? 정말 기분 나빠요."

그는 웃지도 않고,

"쪼금밖에 안 돼요. 정으로 알고 드세요." 하였다.

'정이라, 조옿지!' 나는 속으로 읊조렸다. 정이란 말에 젖어 아무 말도 할 수가 없었다.

트럭 타고 서울 온 이야기

몇 가지 가구를 서울로 옮겨야겠기에 작은 트럭을 불렀다.

그 차는 서울에 본거지를 두었는데, 어젯밤 늦게 서울에서 광주에 왔다고 하였다. 기사는 빈 차로 가지 않고 우리 짐을 싣게 되어 다행이라면서 매우 기뻐하였다.

애초에 나는 고속버스를 타고 상경하여 목적지에서 트럭과 만날 계획이었다. 그런데 기사가 부득부득 차의 앞자리가 비었으니 거기 타고 함께 가자고 하였다. 혼자서 길을 물어물어 가는 것보다 내가 직접 안내하는 것이 시간도 빠르고 편하다면서.

생각해 보니 그것도 괜찮을 것 같았다. 나는 그의 말대로 트럭의 앞자리에 앉았다. 1.3톤 트럭인데 생각보다는 쾌적하였다. 내가 마음 놓고 졸 수 없는 것이 좀 불편하기는 하였지만.

트럭기사는 힘든 일을 하면서 어렵게 살아도 마음이 깨끗하고 근면한 사람 같았다.

그는 돈을 한 푼이라도 아끼려고 도중에 오산으로 들어가 잘 아는 주유소에 들러 기름을 넣은 다음 다시 서울로 진입하였다. 그렇게 하면 약 5천 원이 절약되더라고 하였다.

고 3짜리 아들 하나가 있다기에,

"공부는 잘합니까?"

나는 40년 선생 경력을 감추지 못하고 물었다.

"예. 보통보다는 좀 솟아요." 하면서 그는 웃었다. 행복한 웃음이었다. 넉넉히 살지는 않지만 저축도 한다고 하였다.

중간 휴게소에 잠시 쉬면서 점심을 먹고 가면 어떻겠느냐고 하였더니 오후에는 길이 막히니 그냥 가는 게 좋겠다고 하였다.

서울에 도착하여 약속했던 운임을 지불할 때 거기 점심값을 따로 얹어주었다. 그는 두손을 저으며 사양하였다. 그리고 연신 허리를 굽혀 고맙다고 하였다. '조금 더 줄 걸' 콧날이 찡했다. 몇 시간이 지난 지금까지 그의 사람됨을 생각한다.

비가 오려는지 날씨가 흐리다.

절박한 사람들

작년 이맘때 일주일간 병원에 입원한 일이 있다.

일을 줄이지 않고 동서남북으로 뛰어다니는 내가 미덥지 않은지 진찰을 한번 받아 보는 게 좋겠다고 여러 번 아이들이 권했다.

그러나 나는 괜찮다고 번번이 거절을 했고, 그들이 예약해 놓은 날짜까지도 두 번이나 깼다.

그러다가 문득 '내가 언제까지 이럴 수 있을까. 너무 자신만만하게 굴면 애들이 나를 소홀히 여길 수도 있다.'는 생각이 들었다.

약속한 아침 열 시에 특진을 받았는데 이렇다 할 징후는 없다면서도, 혹시 모르니까 몇 가지 검사를 받아보자고 했다.

1층으로 내려갔다가 2층으로 다시 올라갔다가 하면서 오전 9시부터 오후 2시 반까지 시달렸다. 없는 병도 생길 것 같다는 생각이 들면서 나중에는 병원의 분위기에 염증이 나기 시작했다.

의사나 간호사, 보조원, 사무원들까지 모두들 친절했지만 자꾸 짜증이 나면서 나도 어디가 굉장히 아픈 사람 같은 생각이 들었다.

진료 결과를 알려면 30분을 더 기다려야 한다고 해서 그동안 허기라도 좀 면하려고 구내식당에 갔다.

옆에 앉은 사람들이 아무렇지도 않게, 폐암이니, 신장 투석이니, 암 1기니 2기니 하는 말들을 주고받았다. 그들은 너무나 절박하기 때문인지 절박함을 내색하지 않았다.

저 혼자 제 발로 걸어 들어와서 혹시라도 이상은 없는지 미리 검사를 받는 나는 아직 환자가 아니다. '귀찮다', '없는 병도 생기겠다'면서 신경질을 부리는 것은 얼마나 교만한 태도인가 반성하였다.

죽음과 삶이 엇갈리는 곳. 지푸라기라도 붙잡아 기적을 믿으려는 사람들 곁에서 나는 숨도 조용히 쉬어야 한다는 생각이 들었다.

곁에 앉아서 얘기를 듣고 있는 것도 미안하였다.

시간 죽이기

약속 장소인 일송정 입구에 들어설 때부터 좀 이상하다 싶었다.

다른 때 같으면 몇 사람이 입구에 나와 있거나 내가 기웃거리면서 뜨락으로 들어서기 전에 누군가가 나와서 안내를 했어야 한다.

시계를 들여다보니 여섯 시 반에서 7분이나 지나 있었다. 내가 혹시 장소를 잘못 기억했을까 생각했지만 그럴 리가 없었다.

음식점 주인에게 오늘 예약한 여섯 시 반 손님 중에 이러이러한 단체 손님이 없느냐고 물었더니 '없어요.' 간단히 대답했다.

할 수 없이 국문학과 정교수에게 전화를 했다.

"정선생님, 오늘 약속 장소가 일송정 맞지요?"

"예, 바쁘시더라도 꼭 나오셔야 합니다. 7시입니다. 7시요."

나는 내가 지금 일송정에 와 있다는 말을 하지 않았다. 시간을 잘못 알았다는 걸 들키고 싶지 않았던 것이다.

'아, 그랬었구나. 며칠 전 〈가교〉 회원을 만나는 날 그날은 여섯 시 반을 일곱 시로 잘못 알고 30분이나 늦게, 그러나 아주 당당하게 입장하여 다른 사람들을 웃겼었다. 내가 두 약속의 시간을 완전히 혼동했던 것이다.

나는 일송정에서 나와 다시 지하철 역으로 갔다. 비가 부슬부슬 오고 있었지만 아까 들어오면서 슬쩍 스쳤던 야생화 사진전시회가 생각났기 때문이다.

꽤 긴 통로에 진열한 사진을 들여다보며 이름과 모양을 연결하면서 외우려고 애를 썼다. 딱지꽃, 박주가리, 쉬땅나무, 뚜껑덩굴 …… 우리말인데도 이렇게 어려울 수가 있나.

왼쪽 끝에서 오른쪽 끝으로, 다시 오른쪽 끝에서 왼쪽 끝으로 몇 번 왕복했지만 시간은 거기 멈춘 듯 더디었다.

시간 죽이기. 그것은 시간이 없어서 허둥대는 것보다 훨씬 힘들고 지루하였다.

4부

오늘 내일 그리고 모레

3월, 그 이름에

3월이 그냥 지나갈 리 없지.

3월은 으레 지난 겨울 적체 되었던 눈을 내려 보내고, 참았던 마지막 추위를 풀어, 봄나들이 나온 사람들의 기를 꺾는다.

— 정이월 다 가고 3월이라네. 강남갔던 제비가 돌아오면은 이 땅에도 또 다아시 보오옴이 오온다네 — 우리가 익히 알고 있는 노래의 가사로 이미 사람의 마음을 사로잡는 3월.

'3월'이라는 그 어감에 속아서 일찍 오버코드를 벗고 얇은 옷을 입은 사람들은 독한 감기를 앓을 것이다. 삼동에도 거뜬히 이겨낼 수 있던 감기였다. 그러나 3월 감기는 좀처럼 낫지도 않는다.

3월은 밖으로 나가든 집안으로 들어오든 을씨년스럽다. 바람이란 바람은 죄다 분다.

3월에는 정든 얼굴들이 낯선 얼굴들로 바뀐다. 새로 입학한 학교, 새 학년, 새 담임선생님, 새로 편성된 학급과 친구들, 진학한 상급학교, 새로 출근한 직장.

익숙하지 않은 곳에서 어색하게 웅크리고 무엇인가 시작해야 하는 3월. 마음을 다잡고 외롭게 출발하는 3월.

그러나 3월은 우리가 망설이며 바장이는 동안 제 속도대로 가버린다.

내일이 경칩인데 일기예보는 서울에 폭설이 내릴 것이라고 한다. 밖을 내다보았다. 눈이 잠시 그쳤는지 지금은 하늘이 말짱하다. 3월이다.

그러나 나는 그 부드러운 이름에 속지 않을 것이다.

지금 출발해도

새 에세이집 《지금 출발해도 늦지 않으리》가 도서출판 정민미디어에서 출간되었다. 정년퇴임을 하고 새로 에세이 공부를 시작한 교수 R씨에게 제일 먼저 한 권을 선물하였다.

늦었다고 포기하는 사람들이 의외로 많다.

그러나 확실한 것은 '너무 늦었어.'라고 가볍게 말하는 사람들 중에 용기가 없어서 출발하지 못하는 사람들이 많다는 사실이다. 생각하면 우리의 삶은 날마다 어디론가 출발하는 발걸음이다.

목적지를 지나치게 의식하면 출발이 강행군처럼 고달프게 된다. 그러나 그렇다고 목적지를 전혀 의식하지 않을 수는 없다. 목적지가 없으면 맹목적인 도보에 불과하니까.

도착에 대한 꿈은 우리의 한 걸음 한 걸음을 피로하지 않게 해줄 것이다.

출발 없이 도착이 있을 수는 없지만 출발한다고 누구나 도착할 수 있는 것은 아니다.

영원히 아무데도 갈 수 없고, 아무것도 성취할 수 없는 경우가 있다는 것은 슬픈 일이다.

설령 도착하지 못하게 될지라도 출발을 포기할 수는 없다. 출발만 있고 도착이 없을지라도 나는 계속 출발할 것이다.

아무 말도 하지 않았다

나까지 다섯 사람이었다.

그동안 어떻게 지냈느냐고 서로 안부를 물었다.

날씨가 좋다고, 신문에 발표한 글을 읽었다고 인사들을 나누었다.

건강이 어떠냐고, 얼굴이 좋아졌다고, 더 이상 체중이 줄면 안 되겠다고도 했다.

나는 작년에 발간한 책에 사인을 해서 네 사람에게 주었다.

어떤 이는 구이, 어떤 이는 초밥, 그리고 탕을 시키는 사람도 있었다.

거의 점심을 다 먹었을 때, 그 중의 한 사람이 답답해서 죽겠다는 듯이 말했다.

"그런데 우리는 왜 정치와 선거에 대해서는 아무 말도 하지 않나요?"

잠시 동안 멈칫했다. 은연 중에 서로의 눈치를 살폈는지도 모른다. 그러나 오래가지 않았다.

"그까짓 말은 꺼내지 맙시다."

"죽을 쑤든 밥을 쑤든 내버려 둡시다"

"정말 창피해요. 세계 사람들이 우리를 무엇이라고 말할까요? 아무 뉴스도 듣기 싫어요."

"그래도 우리가 이렇게 만났는데 서로의 의견은 내놓아야지요."

갑자기 분위기가 다운되었다.

그리고 정말 우리는 입을 아주 다물었다.

할 말들이 많은 모양이었다.

그냥 두지

어제 저작권협회에서 편지가 왔다.

작년 한 해 동안 A 방송국 라디오에서 허락을 받지 않고 내 시와 수필을 낭송하거나 인용한 예가 모두 여덟 번이라고. 그래서 그 방송국에 소정의 사용료를 부과시켰노라고. 받은 금액 중에서 수수료와 세금을 제한 잔액을 내 계좌로 입금했노라고.

나는 뜻하지 않은 돈이 생긴 반가움보다는 이런 생각이 얼핏 들었다. 그냥 두지. 방송국에서 마음대로 사용하라고.

'이향아의 시에 이런 구절이 있습니다.' '이향아의 수필 중 한 대목입니다.'

활발하게 인용하게 그냥 두지. 절절한 목소리로 낭송하게 그냥 두지. 이렇게 빽빽하게 사용료를 물린다면 누가 내 작품을 낭송하고 소개하고 사랑하겠는가? 누가 널리 전파하겠는가?

나는 또 이런 생각도 하였다.

'똑똑한 사람들은 나와 다를 것이다. 내겐 작가 정신도 없고 프로 정신도 없을까? 자존심도 없고 자신감도 없을까?'

나는 이 말을 다른 작가들에게 할 수가 없다. 그들은 나더러 못났다고 할 것이다.

내가 저작권협회에 입회한 지는 20년도 넘는다. 그때는 그야말로 초창기였다. 무슨 생각으로 입회해 놓고 지금 와서 이런 생각을 하는가. 나는 간도 쓸개도 없는 사람처럼 이랬다 저랬다 한다.

율무

오늘 낮에 채식뷔페 식당 '풀향기'에 갔다. 육류는 물론 어류도 전혀 쓰지 않건만 그래서 더 유명해진 식당이다. 사람들이 차례를 기다리느라 식당 밖 한길까지 길게 줄을 서 있었다. 밥을 먹으려고 줄을 서 있으려니 문득 창피스러운 생각이 들었다. 아는 사람이라도 만나면 어쩌나 걱정했는데 아니나 다를까 세 사람이나 만났다.

깨죽을 뜨고 산나물을 담고, 야채와 도토리묵 · 풋김치 · 과일을 접시에 담았다.

그이가 오골오골한 밥을 퍼왔는데 먹어보니 쫀득쫀득 맛이 있었다.

"무슨 밥이죠?"

"율무밥." 그는 자신 있게 대답했다.

"혹시 찰옥수수밥이 아닐까요?"

"아냐, 율무야. 율무를 잘 불리면 알이 이렇게 커져."

그는 전에도 이런 율무밥을 먹어 봤노라고 했다.

"여기 채소는 무공해 작물이래요. 율무와 채소만 먹어도 여기 온 보람은 하는 거예요."

먹을 만큼 먹은 후에도 나는 그 율무밥을 더 가져다가 먹었다.

"율무가 피부미용에 좋고 암에도 좋은 거 아시죠?"

그만 먹겠다고 하는 그에게도 자꾸 권했다.

그러나 한편으로는 좀 미심쩍었다. 율무알이 왜 이렇게 크지? 아무리 물에 오래 불렸어도 알이 너무 커. 식당을 나오면서 나는 기어코 주인에게 물었다.

"저기 있는 밥이 율무예요 아니면 옥수수예요."

"찰옥수수밥입니다."

주인은 상냥하게 웃으면서 자랑스러운 듯이 말했다. 갑자기 배가 더부룩한 게 기분이 좋지 않았다.

"옥수수면 어때? 옥수수도 몸에 좋아."

아까까지 율무라고 강하게 주장하던 그가 아무렇지 않게 말했다.

연모하는 방법

〈대장금〉이라는 TV 연속극을 보았다. 마침 남자 주인공이 이런 말을 하고 있는 중이었다.

"전하, 소인은 장금이와 도망을 친 적이 있습니다. 그렇게 하지 않고는 이 궁 안에서 두 사람의 관계를 지속할 수 없다고 생각했기 때문입니다. 그러나 그날로 되돌아왔습니다."

도망치던 남녀가 왜 돌아왔는지 뒤늦게 사실을 안 왕이 놀라서 연유를 물으니, 주인공 남자는 열심히 설명하였다.

자신은 장금이를 진실로 연모한다고. 그러나 장금은 자신의 정인으로서보다 만인의 의녀로서 우뚝 서야 할 사람이라는 걸 깨달았다고. 그만한 능력과 재주를 갖춘 사람을 사사로이 연모할 수 없어 그 정을 누르고 다시 전하의 곁으로 돌아오게 되었노라고. 그것이 자신이 연모하는 방법이라고 그는 흐느끼며 아뢰었다.

그렇게 말하는 남자 주인공의 심중은,

'그러니, 임금님이시여, 장금이를 당신의 후궁으로 두려는 생각을 접고 의녀로서 성공하게 해 주십시오.'라는 간청이었던 것이다.

그는 목숨을 걸고 이 말을 하였을 것이다. 참수를 당하지는 않았지만 멀리 귀양을 가지 않으면 안 되었다. '사랑'이라는 말, '애인'이라는 말보다 '연모', '정인'이라는 말이 훨씬 깊이가 있게 들리는 것은 왜인가. 단순히 고전적인 표현이기 때문에 이끌리는 것은 아닐 것이다.

배신이 판을 치는 시대에 진실로 연모하는 것은 어떤 것인가를 반성하게 하는 대목이었다.

그 뒤로도 연속극은 계속되었지만 내 귀에는 남자주인공의 그 말만 자꾸 맴돌았다.

약을 버렸다

아침 식사 후 몇 가지의 약을 먹는다.

칼슘과, 종합비타민과 그리고 고지혈증에 관련된 약.

나는 아침마다 약을 먹으면서 이렇게 많은 약을 한꺼번에 먹어도 되는가 의심한다. 그리고 약을 많이 복용하는 것이 창피하고 부끄럽다.

그 창피와 부끄러움은 내가 육체에 매달려 쩔쩔매고 있다는 사실 때문이다.

정신이 아닌 육체에 집착하여서 살려고 동원하는 수단 가운데 약이 중요한 몫을 차지한다.

나는 항상 약이 곧 독이라고 생각해 왔다.

오죽 독하면 힘든 병을 퇴치하겠느냐 하는 것이 그 이유다.

약이 독인 것처럼 독도 그 사용량과 처지에 따라서는 훌륭한 약이 될 수 있을 것이다.

그래서 나는 약이 무섭다.

오늘 몇 가지 약을 쓰레기통에 버렸다.

언제 먹다가 둔 약인지 정확하지 않은, 무슨 약인지 알 수는 있어도 오래된 약들. 그러나 꽤 귀한 약이라고 소중히 건사했던 것들. 나는 그들이 마치 나를 위협하는 무서운 적인 듯이 생각되었다. 나는 적의 위협을 잘라내듯이 약을 버렸다.

굉장한 일을 하고 났을 때처럼 긴장이 풀린다.

목숨의 길이와 질량

인터넷 검색어 가운데 '반신욕'의 검색 순위가 엄청나게 높아서 깜짝 놀랐다. 언젠가 TV에서 반신욕에 대하여 심층 분석을 한 후 부쩍 관심이 많아진 것 같다. 오늘 공중목욕탕에 갔더니 역시 반신욕을 즐기는 사람들이 탕 안에 가득 앉아 있었다.

뜨거운 탕 안에 들어가면 10분 앉아 있기도 지루하던데 어떤 이는 얼굴이 벌겋게 달아 땀을 흘리면서 한 시간이나 숨을 고르고 있었다. 참, 참을성도 좋다.

건강에 대한 관심들이 높아졌다. 남자의 정력에 좋다거나 여자의 미용에 좋다고 하면 그날로 사물의 가치가 달라진다.

굼벵이가 암에 좋다는 말을 듣고, 굼벵이가 서식한다는 시골의 초가집을 통째로 사들인 사람을 보았다. 황소개구리가 정력에 좋다고 한 후 놀랍게 번식하는 황소개구리의 숫자가 알아보게 줄었다고 한다. 만약 바퀴벌레가 정력에 좋다고 하면 이내 바퀴벌레의 씨가 마를지 모른다.

요즘 음식점에 가면 무엇이 음식이고 무엇이 약인지 분간하기가 어렵다. 음식점 벽에는 영양가의 분석표가 걸려 있고 그 약리작용에 대한 사계의 권위자들 의견이 계명성처럼 광채를 내고 있다.

음식은 음식이고 약은 약이다. 약도 과도하면 독이 되고 독도 적당량만 쓰면 약이 될 수 있다. 무엇이나 넘치지 않게, 넘치는 것보다는 오히려 조금씩 모자라게 취하는 것이 낫다. 그리고 목숨의 길이에 맞는 목숨의 질량에 대해서도 고민해야 할 것이다.

선 긋는 법

오전에 장성에 다녀왔다.

아주 성실하게 가르치는 선생님이 계시다기에 거기까지 가서 사군자를 배운다.

오늘은 선 긋는 법을 배웠다.

겨드랑이를 붙이지 마세요. 깁스한 것처럼 팔을 구부리지 말고 컴파스의 한쪽 발이 왔다갔다하는 것처럼 하세요. 팔목을 쓰지 마세요. 선생님은 기본자세를 설명하였다.

내 나이 아직 마흔에 들어서기 전 사군자를 배웠었다. 일주일에 한 번씩 S대 L교수 댁에 찾아가서 한 시간씩 연습하고, 돌아올 때는 채본을 받아오곤 하였다.

그때는 선 긋는 법을 배우지 않고 직접 난초부터 시작하였다. 가르치는 사람마다 그 방법이 다르고 순서가 다르겠지.

“전에 그림을 그리셨군요.”

처음 솜씨가 아니라며 구경하던 사람들이 한 마디씩 하였다.

장성이라고 해도 국도로 갔더니 30킬로미터밖에 되지 않는다. 오며가며 꽃구경하기도 좋고 마음도 편안하고 즐겁다. 회원이 모두 20여명 된다는데 오늘 나온 사람은 열 명도 안 된다.

어떤 이는 난초를 치다가, ‘오늘 밭일을 하려고 놉을 불렀으니 그만 가 봐야 한다.’면서 집으로 돌아갔다.

논일, 밭일 하는 사람들이 짬을 내서 묵화를 치러 다닌다는 사실이 놀랍다. ‘오늘 집에 있는 사람은 바보!’ 그런 말이 나올 만큼 날씨가 화창하다.

‘선 긋는 법’, 나는 입속으로 중얼거리며 온다. 매사에 올바르게 ‘선을 긋는 법’.

꽃들이 나를 보라고

지난 수요일에는 정읍 내장산 둘레를 한 바퀴 돌아왔고, 오늘은 광주 송정리길을 달려서 영광, 영광 지나 법성포, 거기서 다시 백수 해안도로를 구경하였다. 정읍에도, 광주 송정리 간 도로에도, 법성포에도 벚꽃은 만개해 있었다.

차들은 그 아랠 지나면서 속도를 줄이고 행여 소음에 꽃잎이 지기라도 할까봐 조심하였다.

나는 마치 줄줄이 늘어선 꽃나무들을 사열하는 대장처럼 우아한 몸짓을 지으려고 애를 쓰면서 조용히 어깨를 폈다.

아, 어깨를 폈다. 꽃들이 나를 보라고. 아니, 나도 꽃들에게 좋게 좋게 보이려고.

나는 어깨를 펼 때마다 안톤쉬낙의 〈우리를 슬프게 하는 것들〉의 한 구절을 생각하는 버릇이 있다.

'출세한 부녀자의 좁은 어깨.'

그가 출세한 여자들을 구슬프게 바라본 것은 기분 나쁜 일이다. 그러나 아무튼 나는 좁은 어깨를 펴고 꽃을 바라보았다. 아주 마음이 흥건하여서, 고마워서, 그리고 두려워서.

내가 아무리 조심을 해도 꽃잎은 하나 둘 지고 있었다.

일기예보는 뭐라 했는지 모르지만 아마 곧 비가 내릴 것이다. 꽃이 만개했다 하면 영락없이 비가 온다는 걸 나는 안다.

그러면 꽃이 질 것이고 꽃이 진 자리에는 거짓말처럼 연두색 새 잎들이 기다리고 있을 것이다.

지는 꽃이 섭섭히 여길지라도 언제 여기 꽃이 있었느냐는 듯이 연두색 잎은 때맞춰 피어나 하늘거릴 것이다.

굿판

점심식사를 끝내고 엘리베이터 앞에 서 있는데 어떤 학생이,

“떡 받으세요. 드리려고 갔었는데 안 계셔서 도로 가는 중입니다.”

비닐로 싼 시루떡 한 덩이를 내밀었다. 아직도 따끈따끈한 온기가 손바닥에 전해졌다.

“무슨 떡이야?”

“오늘 인문과학대학 출범식을 하거든요.”

아침에 출근하면서 무슨 깃발이 저렇게 요란하게 걸렸나 했더니 아마 출범식이라는 이름의 굿판을 벌인 모양이다.

오후 내내 시끄러워서 수업을 진행하는 데 힘이 들었다. 운동장 한쪽에서 북을 치는가 하면 한쪽에서는 노래자랑 예선을 하는지 마이크 소리가 요란하였다.

그러나 굿판이나 잔치 따위에는 관심이 없다는 듯 제 할 일에만 몰두해 있는 학생들이 대부분이다.

오늘 수업시간만 해도 한 학생을 제외한 전 학생이 출석한 상태다. 퇴근을 하면서 유심히 보았더니 30여 명이 될까말까한 학생들이 을씨년스러운 가운데 이리 뛰고 저리 뛰면서 저희끼리 기분을 내고 있었다.

'애들이 무슨 돈으로 이런 일을 벌이나? 보나마나 학생회 예산이겠지.'

거기 생각이 미치자 불현듯 마음이 불편해졌다.

마치 작은 정치판을 보는 것 같았다.

만나지 않으면 없는 것

오늘 강옥이를 만난다.

강옥이는 초등학교 동창생이다.

6·25가 지난 다음 서울에 살던 강옥이네가 K시로 이사를 왔었다.

강옥이는 동화책에 나오는 아이처럼 예쁜 옷을 입고 다녔다. 아버지가 해군이었는데 계급이 어마어마하게 높다고 하였다. 머리를 양 갈래로 땋아내리고 안경을 쓰고 서울 말을 쓰는 강옥이를 애들은 빙 둘러서 신기한 듯 바라봤었다.

나중에 우리는 친해져서 등하교도 같이하고 시험 공부도 같이했다.

강옥이네 집은 언덕 위에 있는 양옥집이었다. 대문을 지나고 정원을 지나고 층계를 한참 올라가야 현관이 있었다. 그리고 현관에 올라선 후에도 긴 복도를 지나야 동쪽 끝에 그애의 공부방이 있었다.

복도를 지날 때면 강옥이 어머니가 부르시는 〈오, 솔레미오〉, 〈라파로마〉의 노래 소리가 들리곤 했다. 강옥이도 노래를 잘 불렀다.

강옥이는 중학교 때 서울로 전학을 했다.

오늘 강옥이를 다시 만난다. 내가 대학교수가 되어 광주로 가기 직전에 만나고 오늘 만나니까 몇 년 만인가?

오늘 약속도 서로의 시간이 맞지 않아서 여러 번 번복해야 했다. 수소문해서 전화번호를 알아낸 후에도 한 달 동안이나 미루고 다시 미뤘으니 참으로 힘든 해후다.

어서 만나야지. 만나지 않으면 서로의 존재는 없는 것이나 같다.

바래봉 꼭대기

만개한 철쭉꽃을 보려고 새벽부터 부산을 떨면서 지리산 바래봉을 향했다.

그러나 철쭉은 아직 피어 있지 않았다. 햇살 바른 곳은 반개하였고 그렇지 않은 곳은 아직 봉오리로 있었다.

하기야 4월에도 폭설의 피해가 만만치 않았던 금년 날씨 아닌가?

남원 운봉 쪽에서 갔는데 한없이 경사진 길을 두 시간 가까이 지루하게 올랐다.

"아빠, 아직 멀었어요?"

초등학교 3학년쯤 되어 보이는 아이가 제 아버지에게 물었다.

"조금만 더 가면 된다."

"맨 조금만, 조금만, 아까부터 조금만이라고 해도 나오지 않잖아!"

아이가 투덜거렸다. 애 아버지는 대꾸하지 않았다.

그러나 아무리 많이 남았어도 '조금만'이라고 해야 한다.

그래야 머지않아 정상에 오를 수 있다는 희망을 가지고 계속 노력하게 된다. 아무리 가까운 거리도 '아직 멀었다'고 하면 미리 절망하여 포기할 수도 있지 않겠는가.

바래봉 꼭대기에는 바람이 선들선들하였다. 곧장 쏟아지는 햇살을 그대로 받아도 뜨겁지 않았다.

어떤 여자들은 고갯마루 편편한 곳에서 화투판을 벌이고 있었다. 산이 옹위하고 바라보는 곳에서 노름을 하다니. 그들은 어쩌다 여기까지 왔을까. 왜 왔을까? 그들은 자연을 은혜로 받아들이기를 거부한 사람들 같았다.

나는 달라

여기저기서 축제들이 벌어지고 있다.

보성의 녹차페스티벌, 함평의 나비축제, 담양의 대나무축제, 장성의 홍길동축제, 남원의 춘향제……. 경쟁이라도 하듯 비슷한 시기에 다투어 터지고 있다.

축제 때문에 차들이 전국에서 모여들고 한산하던 길이 엉망으로 막힌다.

각 행사의 주제들은 다른데도 축제가 행해지는 광장 주변의 모습들은 거의 비슷비슷하다.

간이 술집들이 분위기에 들뜬 과객들을 손짓하는 것도 비슷하고, 즐비한 천막집 음식점에서 뿜어져 나오는 더운 김의 냄새도 비슷하다. 꼬치, 순대, 떡볶이, 국수와 국밥. 축제에는 관심도 없고 분위기에만 들뜬 사람들, 행사가 주인지 먹을거리 시장이 주인지 알 수가 없을 지경이다.

우리나라 어느 관광지에 가도 판매하는 기념품들이 하나같이 똑같은 것처럼, 우리나라 어느 관광지에 가도 음식점들이 모두 비슷한 메뉴판을 들이민다.

설악산에 가야만 먹을 수 있는 음식, 속리산에 가야만 살 수 있는 물건, 그것은 거기 가야만 볼 수 있는 풍경과 더불어 중요한 관광의 목록이 되어야 하건만…….

차별성, 이것으로 내 존재를 드러내야 하고 그것으로 승패를 판가름해야 한다. 똑같다는 것은 내세울 것이 없다는 것을 웅변하는 것 외에 아무것도 아니다. 똑같기는 쉽지만 똑같지 않기는 어려운 것이다.

"나는 달라. 우리는 달라."

이렇게 말하려면 나만의 향기 우리만의 자랑, 그것을 드러내는 창조성이 있어야 하기 때문이다.

'참 장하다' 겨우 한마디만 했다

어제 춘천에서 친구가 다녀갔다. 광주 근교에서 열리는 문화행사에 참석하러 왔다가 틈을 내어 나를 찾은 것이다.

아침 열 시에 만났는데 오후 비행기로 가야 한다고 했다.

어떻게 시간을 보낼까, 어디가 좋을까, 마음만 초조할 뿐 좋은 생각이 떠오르지 않았다.

나는 친구를 싣고 무작정 시외 쪽으로 달렸다. 어디를 가겠다는 목표도 없이 그냥 드라이브를 하면서 이런저런 얘기를 했다.

"나는 고등학교 때 공부를 못했어. 깡촌년이 도회지에서 공부하겠다고 우겨서 나간 것만도 장하지. 공부하겠다고 도회지도 나왔다가 공부도 제대로 못하고 몸만 망가지는 수가 좀 많니?

나는 어떤 경우에도 나를 지키겠다는 생각 하나는 똑바로 했던 것 같아. 유혹도 많았어. 그래도 나 이만하면 성공한 거지. 고등학교 때 학급에서 겨우 20등 안에 들었어. 그런데도 모교의 교장까지 했으니, 괜찮지? 지난 봄에 전교생이 운동장에 모여서 도시락을 먹는 행사가 있었어. 나는 그날 자꾸만 울음이 나오려고 해서 혼났다. 고등학교 때, 난 도시락을 싸가지 못했거든.

혼자 자취를 했는데 겨우 간장 한 가지로 밥을 넘겼어. 그런데 무슨 반찬을 해서 도시락을 싸겠니. 지금도 저 학생 중에는 옛날의 나처럼 도시락을 싸오지 못한 애들도 있을 거라고 생각하니 자꾸만 눈물이 나오더라."

나는 목이 자꾸 부어올라서 아무 말도 하지 않았다. '참 장하다.' 그 한마디만 겨우 했다.

없애더라도

어린이날, 어버이날이 지나고 스승의날도 지났다. 오월은 축하하고 축하를 받느라고 북새통을 이룬다. 어버이날이 없었으면 좋겠다는 며느리들도 있고, 스승의날을 없애버리자는 학부형들도 있다.

시어머니가 며느리에게 과도한 것을 요구했나 보다. 그래서 며느리가 지쳤나 보다. 그런데도 시어머니의 자리에서 생각하면 터무니없이 모자라서 불만스러워했나 보다.

부모로서는 자식이 무병무탈하다는 것만도 큰 선물이다. 자식으로서는 부모가 계시다는 것만도 큰 복이다.

옛 어른들은 '부모구존일락야父母俱存一樂也'라 하여 인생삼락의 으뜸으로 쳤다. 자식으로서 부모를 모시는 것은 세상에서 가장 큰 기쁨이라는 것이다.

또 '득천하영재 교육지일락야得天下永才 敎育之一樂也'라 하여 똑똑한 제자들을 만나 가르치는 것 역시 인생의 큰 기쁨이라고 했다.

나에게 우러를 만한 스승이 계시다는 것, 내가 길러낸 훌륭한 제자가 있다 것을 나는 과연 얼마만큼의 기쁨과 자랑으로 여겨왔던가.

스승의날을 학부모들이 일어나서 없애자고 한다는데 이것은 전혀 자연스럽지가 않다. 제자들이 지키지 않으면 저절로 없어질 것인즉, 없애더라도 학부모들이 나서서 없앨 것은 아닌 것 같다.

학부모들에게는 그들 각자의 스승이 있을 것이니, 그 스승을 존경하든 어쩌든 그거야 각자의 사정과 형편에 따라야 할 것이다.

이별에 대하여

겨우 사흘인데도 더 오랜 기간, 한 열흘 아니면 보름만에 돌아오는 것처럼 서먹서먹하다.

여행하는 동안 나는 뉴스도 듣지 않고 TV도 보지 않고 세상과 멀리 떨어져 있었다. 특별한 것은 혼자 사는 두 친구를 만난 일이다.

우리는 항간의 소식 같은 것은 화제로 삼지 않았다. 지나간 일을 이야기했다. 그리고 오랜 세월 서로가 서로를 잊지 않고 마음속 깊이 기억하면서 살아왔음을 확인하였다.

그 중 한 친구는 내 나이 스물 몇 살 때 아르바이트하던 사무실에서 친해졌었고, 다른 친구는 첫아이를 나을 무렵 같은 학교에서 근무했었다.

우리의 화제는 '이별'에 초점이 모아졌다.

그 허망함에 대하여, 그 배신에 대하여, 그리고 그 슬픔에 대하여, 아픔에 대하여.

언젠가는 다가올 이별, 그 시간의 빠르고 늦음을 너무 심각하게 생각하지 말자고. 말은 그렇게 하였지만 그것은 그냥 말에 불과하다는 것을 우리는 잘 알고 있었다.

우리는 외로움에 대해서도 이야기하였다.

사람은 어차피 혼자라고 말해도 우리의 마음은 시원하지 않았다.

그 중 한 친구는 남편을 떠나보낸 지 15년이나 되었는데도 바로 얼마 전에 그랬던 것처럼 슬픔에 묻혀 있었다.

그리고 또 다른 친구는 남편과 사별한 지 겨우 두어 달이 지났을 뿐이니까 더 그럴 수밖에 없었다. 나는 자꾸 서른여섯 젊은 나이에 아버지와 사별한 내 어머니를 생각하였다.

푸른 팔을 뻗고서

지리산 노고단과 뱀사골에 갔었다.

친구 부부가 서너 달 전부터 '이 좋은 경치를 함께 봐야 하는데.' 생각했노라고 하였다.

진달래가 피었을 때도, 철쭉이 만발했을 때도, 신록이 아름다울 때도 자기들만 보는 게 아깝더라고, 연둣빛이 더 짙어지기 전에 함께 지리산에 가자고 여러 번 말했었다.

얼마나 고마운 말인지.

그러나 동행을 하려고 하면 꼭 무슨 일인가가 생겨서 마음처럼 얼른 나설 수가 없었다.

그들은 일주일에 사나흘 이상 산행을 하였다. 사회지도층에 있던 그들이 어느 날 갑자기 일을 놓게 되었다.

달리는 고속열차를 갑자기 세웠을 때의 그 충격, 그 허망함, 그

망연함과 소외감, 아마 그 이상의 혼돈을 겪었을 것이다.

우리는 겁이 나서 그들에게 위로전화도 할 수 없었다. 그러나 그들은 산행을 자주 하는 동안, 세상이 한없이 작아 보이고 끓어오르던 분노도 절망도 차츰 가라앉힐 수 있게 됐다고 했다.

지리산에서 많은 나무들을 만났다. 물푸레, 고로쇠, 산목련, 귀목, 비목, 느티, 너도밤나무… 지리산은 나무들의 천국이었다. 그들은 서로서로 얼크러져 있었다. 누가 누구를 밀어내지도 누가 누구를 모함하지도 거부하지도 않고 하늘 높이 푸른 팔을 뻗고 신뢰로 서 있었다.

때가 되면 꽃을 피우고 잎을 내보내는 데에 온 힘을 쏟고 거기 한 치의 오차도 없었다.

'지금은 하산할 시간이다.'

산이 일러주는 대로 해가 어슬어슬 넘어갈 때 우리는 천천히 산에서 내려왔다.

창피한 이야기

내일 있을 문학상 시상식에 참석하기 위하여 서울로 향하다가 대전을 들러 가기로 하였다. 대전 환이네도 참석할 수 있다니까, 오늘은 거기서 쉬고 내일 함께 출발하면 될 것이었다.

오늘이 마침 크리스마스여서 찬휘와 건휘 두 꼬마들에게 줄 선물도 열심히 준비하였다.

김장김치를 들통에 담아 주차장까지 운반하는 데도 그 무게가 만만치 않았다.

단감, 꿀병, 선물로 받은 감자도 박스째 차에 실었다.

오전에 교회에 다녀온 일밖에는 없는데 차 안에서 계속 졸았다. 중간 휴게실에서 쉬기도 하면서 천천히 대전에 도착하여 짐을 내리는데 아뿔사. 이런 변이 있나!

김치통이 없는 것이다. 실은 줄 알았는데 주차장에 놓아둔 채

그냥 왔던 것이다.

짐이 아무리 많아도 그렇지, 김장김치를 싣지 않다니. 90을 바라보시는 시어머님께서 며느리와 손주며느리에게 먹이려고 준비하신 것인데.

처음에는 넋이 나간 듯이, 나중에는 네 탓인가 내 탓인가를 탐색하려는 듯이 서로 한참이나 노려보았지만 아무 소득이 없었다.

아파트 경비실에 전화를 해도 자리를 비웠는지 받지 않았다. 옆동에 사는 친구에게 연락했더니 가족들과 저녁식사를 하러 나왔단다. 친구는 식사 후에 영화를 관람할 계획이지만 '무슨 일이냐고, 걱정하지 말고 어서 말하라'고, 다그쳐 물었다.

"창피해서 말도 나오지 않아……."

친구는 일단 식사만 끝내고 아파트 경비실에 들러서, 정황을 알아보고 택배로 보내 주든지 보관을 하든지, 아무튼 '잘 처리하겠노라'고 나를 안심시켰다.

그러나 어떻게 처리가 되든 나는 창피하여서 죽을 지경이었다.

웃음을 참고

아무리 기쁜 일을 당해도 환호하거나 떠들지도 않아야 한다고 어렸을 적부터 배웠다.

어머니는 기쁨을 겸손하고 조용하게 은근하게 나타내라고 가르쳤다.

우리가 신이 나서 떠들면,

"쥐구멍에 바람 들라."

경고하였고, 어머니 역시 골방에 들어가서 홀로 기쁨을 눌렀는지 어쨌는지 모르지만 겉으로는 담담했다.

나는 아무리 좋아도 깔깔거리며 웃은 기억이 별로 없다.

나는 입을 가려 소리를 내지 않고 웃었다. 도저히 소리를 참을 수 없을 땐 쿡쿡거렸다.

알퐁스 도데의 소설 〈별〉에서 스테파네트 아가씨가 하늘을 향하여 마음껏 웃을 때, 나는 결심했다.

'내 딸만은 스테파네트처럼 기르리라.'

내 딸에게만 그렇게 가르치지 않고, 내 학생들에게도 나는 명령했다.

"얘들아, 크게 웃어. 입을 활짝 벌리고 앙천대소하는 거야."

어제 문학상을 받게 되었다는 소식을 들었다. 그러나 나는 본능적으로 기쁨을 눌렀다. 누르는 길 외에는 어떤 방도도 내겐 없는 것처럼 그렇게 했다. 오늘 아침에 생각해도 역시 기쁘다.

그 사람들이 어떻게 나를 기억해 냈을까, 어떻게 나를 기억하고 '이 사람이야.' 하고 내 이름을 만좌 가운데서 소리 높여 불렀을까?

나는 지금도 웃지 않고 가만히 눌러가며 생각한다.

지금 따분해요

급한 일이 쌓이면 딴청을 부리고 속으로 무서우면 헛웃음을 치는 일. 그것은 누가 방향을 지시하지 않아도, 본능이 일러주는 비상책이 아닌가 한다.

계속 마감에 쫓기는 글들이 있는데 단 한 줄도 써지지 않아서 마음이 편치 않다.

내가 지금까지 그 많은 시와 산문들을 어떻게 발표해 왔는지, 어디서 그 숱한 어휘들을 끌어다가 썼는지, 지나온 내 족적 내 능력을 의심할 지경이다.

며칠 전부터 나는 할 일이 없는 사람처럼 여기저기 전화를 걸었다. 그렇게 해서라도 숨통을 열고 싶었다.

"지금 무엇하고 계세요? 나는 지금 따분해요. 아무데나 갑시다."

나는 내 상황과 전혀 다른 말을 한다. 따분하다니, 말도 안 되는 소리다. 너무 어려운 일들에 눌려서 가슴이 꽉 막힌다고 호소해야 맞다.

그런데 이상한 것은 그렇게 해서 한 바퀴 돌다가 오면 생각이 뚫리고 방향이 잡혀지기도 한다는 사실이다. 내가 일을 하는 것이 아니라 일의 무게와 시간의 촉박함이 나를 몰고 가는 형국이다.

자세히 철저히 한답시고 어느 한 사물에 눈을 박고 있으면 세포는 보일지언정 전체의 구조는 보이지 않는다. 높은 산에 올라가서 내려다보면 내가 지금 무슨 일을 하고 있는지 조망할 수 있다.

불편한 친절

휴대전화가 고장이 나서 서비스센터에 갔다. 내가 거기 들어서자마자 입구에 제복을 입은 처녀들이 서서 물었다.

무슨 일로 오셨느냐고, 속이 상하셨겠다고, 곧 손봐 드리겠노라고, 조금만 기다리라고, 미안하다고, 내가 미안할 정도로 살갑게 굴었다.

그런데 그들이 안내한 곳으로 가면 또 다른 직원이 같은 말을 묻고 다시 묻고 하였으므로 나도 같은 말을 이 사람 저 사람에게 여러 번 하지 않으면 안 되었다. 그들은 몸살이 날 정도로 친절하였으나 자연스럽지가 않았다.

회사에서 친절 제일주의로 승부를 보려고 하나 보다. 그래서 사원 교육을 철저히 시켰겠지.

그러나 친절이란 단기간의 훈련으로 길러지는 임시방편의 것이 될 수 없다. 그것은 문화처럼 쌓이면서 양육되는 것이다.

그들은 고객들이 오히려 귀찮게 여길 만큼 말을 많이 하고, 느끼할 만큼 부자연스러운 웃음을 남발하였다.

저녁이면 저들은 온몸이 쑤시고 안면 근육이 떨리겠구나, 나는 엉뚱한 걱정을 하였다.

서비스센터를 나오면서 나는 그물에서 겨우 풀려난 새처럼 자유로워졌다. 나는 그들의 과장된 '친절'에 부대끼고 웃음에 시달리느라 온몸의 힘이 다 빠져서 긴 숨을 어렵게 몰아쉬었다.

너무 오랫동안 불친절에 익숙해져 있어서 불친절에 이골이 났는지도 모르겠다. 그래서 갑작스러운 친절이 불안했는지도 모르겠다. 멀미를 하는 사람처럼 속이 이상하다.

처음 고백

강연을 하러 군산에 갔었다.

군산문인협회에서 초청한 것인데 문예진흥원의 후원으로 일 년에 한 번 치르는 행사라고 하였다. 강연의 제목은 〈시와 자연〉이다.

원고는 미리 보내 인쇄가 되어 책으로 나왔다는데도 나는 갑자기 그 내용으로 강연을 하고 싶지 않았다.

'군산'을 주제로 쓴 작품들을 따로 정리해서 내가 얼마나 군산을 사랑하는지, 군산이라는 땅이 내게 어떤 의미를 가진 곳인지, 강연 대신 고백하고 싶었던 것이다. 나는 군산에서 군산 사람들을 모아 놓고 잘난 척할 자신이 없었나 보다.

군산은 내가 자란 곳이다. 그런데 내가 거기서 어떻게 아무렇지 않게 강연을 할 수 있겠는가? 나는 그들이 생각하는 것처럼 소위 출세한 군산 사람일까? 가난하고 암담했던 옛날에 비하면 그렇다고도 할 수 있겠지. 출세란 무엇인가? 출세한 사람들이 고향에서 해야 할 일은 많을 것이다. 나는 군산을 위해 아무 일도 하지 않았다.

나는 옛날이나 지금이나 똑같이, 아니 옛날보다 몇 배나 더 군산을 사랑한다고 고백하였다. 아, 나는 처음으로 그 고백을 하였다. 그러나 고백하는 내 목소리가 사뭇 공허하게 들리지는 않았을까.

〈군산에 가고 싶다〉, 〈오늘 군산 날씨〉, 〈군산 벚꽃〉, 〈군산에는 공연히 갔었다〉, 〈그날〉 등 15편에 달하는 작품을 군산에 풀어놓고 왔다. 그래도 마음은 여전히 쓸쓸하다.

외람된 축복

"엄마 축하해요." 하린이한테서 간단한 문자메시지가 왔다.

29일에나 나온다는 검사 결과를 미리 알아본 모양이었다. 양성이라고 한다. 다행이다.

"갑상선 종양의 90퍼센트는 양성이니까 걱정하지 마세요. 설령 악성이라고 해도 성장 속도가 아주 늦으니까 수술을 하지 않으셔도 돼요."

그애는 나를 안심시키려고 했지만 완전히 안심할 수는 없었다.

악성이라면 간단히 말해서 암이 아니겠는가. 애초에 갑상선이 어떤가를 진찰받을 생각은 아니었다.

두어 달에 한 번씩 고지혈증 수치를 측정하러 동네 병원에 다니는데 하린이 선배라는 원장이 내게 갑상선 초음파 검사를 해주겠다고 했다. 바쁘기도 하고 귀찮기도 하여 사양했지만 시간이 많이 걸리지 않는다면서 진찰대 위에 나를 눕혔다.

"조그마한 결절이 있네요……. 그런데 어어? 이쪽에는 제법 큰데요."

그는 진찰 소견서를 써서 나를 S병원으로 넘겼다. 나는 어려운 예약과정을 거쳐 특진을 받고 초음파 검사를 하고 조직검사까지 했다.

조직검사라는 말은 기분 나쁘다.

얼마나 많은 사람들이 '조직검사' 결과를 받은 후 절망하였는가. 10퍼센트의, 혹은 5퍼센트의 가능성이라고 해도 나를 제외하고 돌아가는 세상은 아니다.

왜 하필 내가? 라는 말을 우리는 아무런 가책도 없이 한다. 그러나 그 1퍼센트 안의 불운을 당하는 사람을 생각하면 얼마나 이기적이고 거만한 말인가? 거기서 제외되었다는 건 또 얼마나 외람된 행운인가?

나는 근래 공연히 식욕을 잃었었다.

힘든 일도 하지 않았는데 입까지 부르트고 잠이 오지 않아 날을 밝히기도 하였다. 아무리 태연한 척하지만 속으로는 은근히 넋을 잃고 있었는지 모르겠다. 어떤 암도 완치시킬 수 있는 치료약이 나온다니 다행이다. 나도 함께 거기에 큰 희망을 건다.

이상한 현상

시골에 계시던 시어머님께서 와 계신다.

90세 노인이 오른 팔을 부러뜨린 지 오늘 꼭 한 달째다.

하필이면 내가 여행하느라 집에 없는 동안 일을 당하여 입원해 계셨었다. 모든 일을 왼팔 하나로만 처리해야 하니 숟가락을 드는 것도 어려워하신다. 샤워도 머리 감는 일도 자유롭지 못함은 말할 것도 없다.

그동안 주변에서 노인을 오래토록 잘 모시는 친구들을 여럿 보았다. 그러나 나는 시어머님이 건강하셔서 공짜로 편하게 잘 살아온 셈이다. 요즘 몇 번 시어머님의 몸을 씻기고 보살피는 동안 나는 중요한 현상을 발견하였다.

몸이 자유롭지 못해서 양처럼 순해진 그를 발가벗겨 욕조에 앉히고, 몸의 구석구석을 비누질하면서 뭉클 피어오르는 측은한 마음. 전에는 느끼지 못했던 정이 솟아나는 이 마음, 내가 지금 목욕을 시키는 것이 아니라 그를 쓰다듬으면서 사랑을 표현하고 있는 것처럼 착각하는 이상한 심리의 파장.

옛날 대가족 관계에서 시하층층 어려운 시집살이를 잘 견뎌낸 이면에도 분명, 눈에는 보이지 않지만 속 깊이 가려진 간단히 설명할 수 없는 현상들이 있었을 것이라는 생각이 든다.

내가 요즘 전보다 훨씬 시어머님을 사랑하게 된 것만은 확실해진 것 같다.

완성은 어차피 어렵다

실크로드를 다녀온 기행문을 정리하는 데에 시간이 많이 걸린다.

어쩌면 몇 달이 걸릴지도 모르겠지만 우선 대강의 골격만이라도 잡아서 정리해야겠다.

두 군데서 연재를 하자고 하는데 나는 긍정도 아니고 부정도 아닌 대답을 어정쩡하게 했다. 그러자고 말하기에는 실크로드의 여행이 근래 너무 일반화되었고 그에 대한 책도 엄청 많이 출간되어 망설이게 된다. 싫다고 딱 부러지게 말하지 않은 것은 하고 싶은 욕심이 아주 없지는 않기 때문이다.

욕심 때문에 죄를 짓고 욕심 때문에 망신을 당하고 욕심 때문에 추하게 되기도 한다.

나는 언제나 그러자고 대답해 놓고 힘에 부쳐서 끙끙거린다. 아니라고, 못한다고, 싫다고, 없다고 말하기가 왜 이렇게 싫은지 모르겠다.

잘 쓸 생각부터 하지 말고 쓰면서 차차 수정하는 게 좋을 것 같다. 어차피 완성이란 어려울 것이니까.

사람의 일생도 하루하루 살면서 수정하고 선회하고 복습하는 것이 아니던가.

밥이 붙은 얼굴

"그애 얼굴에 밥이 붙었더라."

나를 처음 본 시댁 어른들의 말씀이었다. 칭찬의 말이라는 것을 알면서도 나는 좀 창피하였다. 내 존재의 평가가 생존의 원초인 '밥'의 유무와 연결되었기 때문이다. 그러나 그게 아주 싫지는 않았다. '밥이 붙었다.'는 말은 복스럽게 생겼다는 말이며, 살이 붙었다는 말과는 좀 다른 것이기 때문이다.

그러나 요즘 처녀들은 밥이 붙었다는 말을 모욕으로 여길는지 모른다. 복스럽게 생겼다는 말도 아주 싫어할 것이다. 이제는 밥이니 복이니 그런 것은 붙지 않아도 된다고 생각한다(밥이 붙었다는 말보다는 섹시하게 생겼다는 말을 좋아한다).

우리는 모두들 가난에서 벗어났다고 판단하고 있나 보다. 오히려 얼굴을 작게 깎아서 광대뼈가 나오더라도 깡마르게 보이려고 야단들이다. 그래야 서양 배우처럼 멋지고 매력이 있을 거라고 생각하는지 어쩌는지.

밥이라는 말은 경제라는 말의 대명사였고 부의 상징이었다. 밥이라는 말은 목숨이라는 말이었다. 밥은 우리들 실존의 가장 떳떳한 목표물일 수 있었다.

그러나 밥이라는 말은 또 눈물이고 한이고 분노였다. 그러던 것이 불과 몇 년 전인데 아주 옛날 같다.

말하기 연습

강사은행에 이름이 오른 후 부쩍 외부 강연이 잦아졌다. 멀리 떨어진 섬 지방은 가는 데에 3시간, 오는 데에 다시 3시간이 걸리고 정작 강연은 2시간밖에 하지 않는다.

늦은 시간에 돌아오면서 나는 생각한다. 정말 돌아온다는 것은 어디에서 어디로 오는 것인가를. 타관에서 본향으로, 낯선 곳에서 낯익은 곳으로, 객지에서 살던 곳으로 돌아오는 것이겠지.

그러나 타관과 본향이 혼돈을 느끼게 하고 낯설고 낯익음이 따로 없다면, 그리고 삶은 어디서나 진행 중이며 실험 중이라면 나는 여태 돌아오지 않았을 수도 있다.

돌아오면서 나는 다시 생각한다. 내가 오늘 사람들 앞에서 말을 옳게 하였는가, 너무 많은 말을 한 것은 아닌가. 나는 자주 내가 말을 너무 가볍고 허술하게 날렸다는 결론에 이른다. 평생 말을 하면서 살아왔는데도 말하기에 서투르다.

국어 선생을 했다는 사실만으로도 다른 사람들보다 훨씬 많은 말을 했을 게 분명한데도 시원하지 않다.

내 속엔 아직도 적중하는 말, 하지 못한 말들이 팔리지 않은 물건처럼 적체되어 있다. 내가 하고 싶은 건 어떤 말인가? 누구를 향해서 어떻게 하고 싶은가?

내 말하기 연습은 여간해서 끝나지 않을 것 같다.

차창으로 스치는 불빛을 바라보면서 나는 지금 못견디게 쓸쓸하다. 이렇게 쓸쓸함이 계속되면 나는 고여 있는 말을 풀어내고 싶어서 다시 사람들을 만나러 떠나곤 한다.

벌을 받나 보다

자꾸 불안하다.

전화를 했더니 오전 내내 받을 수 없다는 음성만 자꾸 나왔다. 음성메시지를 남기려면 1번, 문자 메시지를 남기려면 2번을 누르라고 하였지만 음성도 문자도 남기지 않고 전화를 끊었다. 그러더니 오후부터는 '부재중'이라는 메시지가 나왔다.

'오전에 음성이라도 남길 걸.' 후회가 되었다.

무슨 일이 있는 것일까?

생각은 불길한 쪽으로만 쏠렸다. 오전부터 지금까지 어떤 상황에 처했는지는 몰라도 한 번쯤은 전화를 확인했을 것이고 확인했으면 오늘 아침부터 내가 얼마나 여러 번 통화를 시도했는지 알련만 무심하다.

나도 자식을 짝사랑하고 있나 보다.

전화를 받고서 그것이 부모한테서 온 것일 때 실망하는 얼굴빛을 하는 학생들을 나는 여럿 보았다. 그러나 부모는 그 어느 누구의 전화보다도 자식의 전화가 반갑다.

나도 내 부모를 슬프게 했겠지. 어머니는 나 때문에 섭섭했던 적이 여러 번이었겠지.

나는 지금 그 벌을 받고 있는가 보다.

오늘 내일 그리고 모레

달력에는 내일부터 계속 사흘이나 빨간 글자로 표시되어 있다. 해마다 그랬듯이 딸은 제 시댁으로 갈 것이고, 준이는 외국인 노동자들과 보낼 것이다. 준이가 연휴 끝날쯤 내려온다기에 그만두라고 하였다. 오고가는 일에 진이 빠질 것이니 오더라도 나중에 좀 잠잠해진 다음에 오는 것이 좋을 것 같아서.

올 설에도 환이 내외만 오게 된다. 환이 내외가 어린것들을 데리고 오려면 고생이 많을 것이다.

우리는 애들을 맞을 준비를 해야 한다. 우선 대청소부터 하고 책상 위에 놓인 책이며 펜이며 기타 자질구레한 것들이 애들 손에 닿지 않게 말끔히 감추고 얹고 없애서 마음 놓고 뛰어다닐 운동장을 마련해야 한다.

몇 시쯤 당도할까, 잊어버리기로 한다. 저희들도 애들 챙겨서 떠

나오려면 준비가 복잡할 것이고 길은 막힐 것이며 피곤할 것이다.

언젠가 애들을 기다리다가 지친 일이 있다. 출발한다는 시간으로부터 도착할 시간까지 차가 막힐 것을 넉넉히 계산하고 늦추잡았지만 전혀 맞지 않는다.

귀성전쟁, 이 말은 우리나라에만 있을 것이다. 시간 경제에는 전혀 무관심한 사람들처럼 한심스럽고 어리석어 보이기도 하는 고속도로의 풍경. 그러나 콧날이 찡하기도 한, 이상한 풍경. 원시적인 것도 같고 맹목적인 짓 같기도 한 풍경.

나는 내일 아침 애들을 데리고 다시 시어머님이 계신 더 깊은 시골로 갈 것이다. 그분이 돌아가시면 이렇게 법석을 떨면서 뵈러 가던 일이 그리워지겠지.

남편더러 애들 오기 전에 진공청소기를 밀라고 하였는데 그는 아직도 면도만 하고 있다. 하기야 나도 컴퓨터 앞에 앉아 있으니까, 내가 더 답답해 보일 수 있을 것이다.

살았던가

지난 토요일에 내가 무슨 일을 했었지? 아무리 더듬어도 생각나지 않는다.

마치 며칠 죽었다가 뚝 떨어진 사람처럼 전혀 실마리가 떠오르지 않는다. 그 시간과 공간이 텅 비어 있는 것 같다. 나는 대엿새를 거꾸로 되짚어서 점검해 보았다.

'목요일엔 수업이 끝난 후 영화를 보았지. 〈효자동 이발사〉라는 영화였어. 금요일에도 수업을 했는데 수업이 끝나자마자 급히 귀가하였어. 그이가 함평 나비축제에 가자고 했는데 결국은 가지 못하고 말았지. 일요일에는 교회에 가고 월요일인 어제는 혜량이와 함께 우리 대학 조경학과 교수를 만났어.'

여기까지 거슬러 더듬어 보고서야 생각이 났다.

아, 그랬지. 토요일에는 어머니한테 갔었지.

며칠 동안 내가 아무 일도 하지 않은 것 같고, 아무 데에도 없었던 것 같고, 아예 존재하지 않고 어디엔가 증발했던 것 같은 느낌.

그래서 금년부터 날마다 일기를 쓰기로 했었다. 정상적인 일기가 아니라 마치 학급일지처럼 하루하루 행한 일의 명목이나 기록해 두는 일기인 것이다.

그런데 그 일도 이제는 시들해져서 며칠씩 빼먹는다. 생각하면 전혀 살아 있지 않았던 것처럼 시시하게 소모한 날들도 많다. 그 가치와 이유, 무게와 의미가 없는 목숨의 연장 같은 삶, 근래에 이르러서야 나는 비로소 내 삶의 족적에 대하여 심각하게 점검하게 되었다.

살았던가? 나 언제부터 살아 있었던가?

이향아 이미지수필집

인 쇄 2010년 6월 30일
발 행 2010년 7월 7일

저 자 이 향 아
발행인 서 정 환
발행처 수필과비평사

출판등록 1984년 8월 17일 28호
주 소 서울시 종로구 익선동 30-6
운현신화타워 빌딩 2층 208호
전 화 (02) 3675-5633 (063) 275-4000
팩 스 (063) 274-3131
메 일 essay321@hanmail.net

값 10,000원

ISBN 978-89-5925-716-4 03810